Dr. Paul Seitz
Die Gartenapotheke

Heilpflanzen sind die ältesten
und zugleich die modernsten
Arzneimittel für Mensch
und Tier

Schon mit fünf Quadrat-
meter Kräutergarten kann
man viel für sich tun und die
Gesundheit gedeihen sehen.

Maurice Mességé

Ich muß zugeben,
ein Kräutergarten ist ein
Zufluchtsort der Schönheit,
der Stille – des altmodischen
Charmes. Der nach einem
Regen aufsteigende Duft
wird mir unvergeßlich
bleiben.

Janet Dampney

Dr. Paul Seitz

Die Gartenapotheke

Heilkräuter anbauen und verwenden

Franckh-Kosmos

Impressum

Fachliche Beratung: Ingrid Schönfelder

Mit 16 Farbfotos von Reinhard-Tierfoto, Heiligkreuzsteinach-Eiterbach: 17 u. l., 35, 38 o. l., 38 u., 55 o. r., 56; Bildarchiv Sammer, Neuenkirchen: 17 o. l., 17 o. r., 55 o. l.; Dr. Peter Schönfelder, Pentling: 18, 36; Dr. Paul Seitz, Stadtallendorf: 17 u. r., 37, 38 o. r.; Karin Skogstad, München: 55 u.
Mit 22 Zeichnungen
Gabriele Goßner, Gauting: 10, 14, 53, 60; Horst Lünser, Berlin: 3, 21, 22, 27, 29, 31, 45, 59, 63, 65, 68

Vignetten von Marianne Golte-Bechtle, Stuttgart

Umschlaggestaltung von Atelier Reichert, Stuttgart, unter Verwendung von vier Farbfotos von Annerose Schatter, Stuttgart (großes Bild Vorderseite), Dr. Paul Seitz, Stadtallendorf (zwei kleine Bilder Vorderseite und Rückseite)

© 1992, Franckh-Kosmos Verlags-GmbH & Co., Stuttgart
Alle Rechte vorbehalten
ISBN 3-440-06175-2
Printed in Germany / Imprimé en Allemagne
Satz: G. Müller, Heilbronn
Herstellung: Huber KG, Dießen

Die Deutsche Bibliothek –
CIP-Einheitsaufnahme

Seitz, Paul:
Die Gartenapotheke : Heilkräuter anbauen und verwenden ; [mit Tips für viele Kräutertees] / Paul Seitz. – Stuttgart : Franckh-Kosmos, 1992
ISBN 3-440-06175-2

In diesem Buch werden Hinweise zur Naturheilkunde gegeben. Nur auf die beschriebenen Arten trifft die angegebene Verwendung zu, ihr Gebrauch setzt daher ihre sichere Kenntnis voraus.
Heilpflanzentees sollten immer nur beschränkte Zeit und nicht länger als nötig eingenommen werden, auch Hausteemischungen sollte man öfter wechseln. Behandelt werden dürfen nur leichtere Gesundheitsstörungen, die keiner ärztlichen Behandlung bedürfen. Den Arztbesuch kann dieses Buch auf keinen Fall ersetzen.

Alle Angaben in diesem Buch sind sorgfältig geprüft und geben den neuesten Wissensstand bei der Veröffentlichung wieder. Da sich das Wissen aber laufend in rascher Folge weiterentwickelt und vergrößert, muß jeder Anwender prüfen, ob die Angaben nicht durch neuere Erkenntnisse überholt sind. Dazu muß er zum Beispiel Beipackzettel zu Dünge-, Pflanzenschutz- bzw. Pflanzenpflegemitteln lesen und genau befolgen sowie Gebrauchsanweisungen und Gesetze beachten.

Inhalt

Inhalt

Vorwort: der Heilgarten oder die Gartenapotheke

Erfreulich ist die Feststellung, daß immer mehr Menschen den Dialog mit ihrer Umwelt suchen und aufgeschlossen für die ökologischen Zusammenhänge bereit sind, sich aktiv in ihrer Freizeit für Naturbelange einzusetzen.

Besonders beachtlich ist dabei das wachsende Interesse für Kräuter in der Volksheilkunde und mehr Hinwendung zur Selbstmedikation, zur Erhaltung der Gesundheit und des Wohlbefindens von Mensch und Tier.

Wollen aber alle Natur- und Pflanzenfreunde ihre Kräuter künftig auf den wenigen, noch unbedenklichen Feld-, Wiesen- und Waldstandorten sammeln, dann werden immer mehr Arten und Lebensgemeinschaften in ihrer Existenz ernsthaft bedroht. Nach der »Berner Konvention zur Erhaltung wildlebender Pflanzen und Tiere« sind jedoch nicht allein die Arten, sondern auch ihre Lebensräume und Standorte zu schützen.

Deshalb bietet sich als praktische Alternative der Anbau von Heilpflanzen im eigenen Garten an. Nicht nur auf dem Lande, auch in unseren Städten, wo die Natur notgedrungen nur in reduzierter Form geduldet wird, gibt es Möglichkeiten – wenn auch oft nur auf beschränktem Raum – für die Anlage von Kräutergärten. Mit jährlich mehr Wissen über heilkräftige Pflanzen und deren Verwendung wird sicherlich auch Ihr Kräutergarten im Laufe der Zeit zur unverzichtbaren »Grünen Gartenapotheke«.

Selbstverständlich darf der eigene Heilgarten weder Arzt noch Apotheker ersetzen, und überschätzte Selbstmedikation kann verhängnisvoll werden. Dagegen können Ihre eigenen Kenntnisse über heilkräftige Pflanzen und Erfahrungen in der Anwendung im Krankheitsfalle das Verhältnis zum Hausarzt oft wesentlich verbessern und die notwendige Heilbehandlung wirksam unterstützen.

Wer erst einmal mit dem eigenen Anbau und der hilfreichen Anwendung von Medizinalpflanzen begonnen hat, wird sein ganzes Leben diesem anspruchsvollen Wirkungsbereich stets gerne weiter verbunden bleiben.

Was wir über Heilkräuter wissen sollten

Unter Kräutern versteht man im botanischen Sinne kurzlebige, nicht verholzende Gewächse. In der Phytotherapie und Würzkunst dagegen hat sich der Begriff »Kräuter« für alle heilkräftigen und würzenden Pflanzenarten eingebürgert.

Je nach ihrer Lebensdauer unterteilen wir die Heilpflanzen in ein-, zwei- und mehrjährige Gewächse. Nachfolgend werden ihre Merkmale und Unterschiede näher erklärt.

Einjährige

Bei den einjährigen Kräutern, wie etwa Dill und Kerbel, erleben wir Keimung, Blüte und Samenreife innerhalb einer Vegetationsperiode. Spätestens bei Frosteintritt stirbt die gesamte Pflanze ab. Ihr Fortbestand wird durch reichen Samenansatz gewährleistet.

Zweijährige

Die zweijährigen Arten bringen im ersten Entwicklungsjahr Blätter und Triebe hervor. Nach der Überwinterung bilden sie im Folgejahr Blüten und Samen aus. Besonders einprägsam ist dies bei der Petersilie und beim Löffelkraut feststellbar.

Mehrjährige

Bei den mehrjährigen Pflanzenarten dagegen kann das Blühen und Fruchten noch später – oft erst nach einigen Jahren – einsetzen, wiederholt sich dann aber jedes Jahr aufs neue.

Zur Gruppe der Mehrjährigen zählen Stauden, Halbsträucher, Sträucher und Bäume.

Stauden sind krautartige Pflanzen, deren oberirdische weiche Teile im Herbst verdorren und bis auf die ausdauernden Wurzeln, Rhizome, Knollen oder Zwiebeln absterben. Die Überwinterungsknospen der Stauden, die ein Überleben und das erneute Austreiben im Frühjahr ermöglichen, sitzen meistens an oder direkt über der Erdoberfläche, seltener tiefer im Boden. Besonders erwähnt werden solche Stauden, die ihre grünen Blattorgane auch im Winter nicht verlieren. Es handelt sich im allgemeinen um polster- oder horstbildende Arten.

Halbsträucher, z. B. Ysop, sterben im Winter bis zu den frostwiderstandsfähigen verholzten Teilen ab.

Die eigentlichen Gehölze, Sträucher und Bäume, verlieren zum Herbst meist ihre Blätter und überstehen die Kältezeit, da sie verholzt sind.

Die vielfältigen Kräuterarten haben sich

innerhalb ihrer Lebensräume der Umwelt angepaßt, über Jahrmillionen behauptet und entwickelt.

Sicherlich kam es durch den Menschen, der die verschiedenen Arznei- und Würzpflanzen kultivierte – bewußt oder unbewußt – zu verbesserten Formen. Gezielte Züchtungsmaßnahmen durch Auslese und Kreuzung sind aber erst aus den letzten beiden Jahrhunderten bekannt. Insgesamt gesehen, blieben unsere Heil- und Würzpflanzen weitgehend in ihrer Ursprünglichkeit erhalten. Sie zeigen sich überwiegend heute noch in ihren Urformen, so wie wir sie auch in der freien Natur antreffen können. Als »Wilde« und »Halbwilde« sind sie in ihren Lebensansprüchen bescheiden und natürlich widerstandsfähig gegen Umwelteinflüsse, Krankheiten und Schädlinge. Schätzungsweise 500 000 bis 600 000 Pflanzenarten leben auf unserer Erde. Fachleute schätzen, daß etwa 20 000 Pflanzenarten Heileigenschaften und Würzkräfte besitzen. Allerdings sind bisher davon nur etwa 500 Kräuterarten aus allen Erdteilen näher erforscht worden.

seiner Heil- und Würzkräuter des Gartens Pflanzen der freien Natur sammeln will, muß sich vorher vergewissern, ob diese nicht unter Naturschutz stehen oder der Bestand dadurch nicht beeinträchtigt wird. In ausgewiesenen Naturschutzgebieten ist das Sammeln auch von nicht geschützten Pflanzen verboten. Zudem wurden sogenannte Rote Listen der gefährdeten Pflanzenarten, nach mehreren Gefährdungsstufen, nämlich ausgerottet – vom Aussterben bedroht – stark gefährdet – gefährdet, zusammengestellt und veröffentlicht. Der Natur- und Pflanzenfreund wird sicherlich auch diese Schutzbemühungen berücksichtigen. Dabei hat er die Möglichkeit, ersatzweise andere ähnlich wirksame, nicht geschützte Kräuter zu sammeln oder auch geschützte seltene Arten, die man aus Staudengärtnereien beziehen kann, im eigenen Garten anzusiedeln.

Kräutergärten, Kräuterwiesen und Kräuterbiotope können auf solche Weise zu bemerkenswerten Rückzugsgebieten und Enklaven existenzgefährdeter Pflanzenarten werden.

Geschützte Pflanzen – schützenswerte Pflanzen

Zum Schutze der Vielfalt, Schönheit und Eigenart von Natur und Landschaft haben die Bundesländer Naturschutzgesetze und Verordnungen erlassen, die das Sammeln bestimmter Pflanzen untersagen. Wer also zur Ergänzung

Die Wirkstoffe der Heilpflanzen

Arzneipflanzen werden durch ihre Wirkstoffe charakterisiert, die ihnen heilende, aber oft auch aromatische und würzende Eigenschaften verleihen.

Wir unterscheiden zwei Gruppen von Stoffen in den Pflanzen: solche, die für die Pflanzenentwicklung selbst unentbehrlich sind, und andere, die als Stoffwechselprodukte (Neben- bzw. Abfallprodukte) scheinbar unbrauchbar sind. Für Heil- und Aromazwecke sind die Wirkstoffe aus beiden Bereichen bedeutsam.

In der Pflanzenheilkunde weiß man, daß die Wirksamkeit einer Heilpflanze meist auf dem Zusammenspiel mehrerer Wirkstoffe beruht und nur selten von einem einzelnen Stoff ausgeht. Die verschiedenen Stoffkomponenten können sich ergänzen, ihre Wirkung verstärken oder allein durch ihre Gegenwart organismusschonend sein. In ihrer Gesamtheit also ergeben sich die angestrebten positiven Effekte.

Nachfolgend werden die wichtigsten Wirkstoffe der Kräuter erwähnt, und es wird auf ihre Besonderheiten hingewiesen.

Ätherische Öle sind leicht flüchtige, starkriechende, ölartige Substanzen, die sich in Öldrüsen, Ölschuppen oder Drüsenhaaren der Pflanzen bilden. Verflüchtigt, durchdringen sie die Oberfläche von Blättern und Blüten und verbreiten den arttypischen Duft.

Die Wirkungen der ätherischen Öle sind vielfältig, je nach der chemischen Zusammensetzung, z. B. krampflösend, blähungsbefreiend, den Gallenfluß anregend (Pfefferminze), beruhigend (Melisse, Baldrian), antibakteriell (Thymian), heilungsunterstützend bei Entzündungen (Kamille) und appetit- sowie verdauungsfördernd (Würzkräuter).

Pfefferminze, *Mentha × piperita*

10

Wirkstoffe

Harze, ebenfalls Ausscheidungsprodukte, sind im allgemeinen in ätherischen Ölen gelöst und verbleiben nach deren Verflüchtigung als zäher oder fester Rückstand.

Alkaloide, häufig starke Pflanzengifte (Tollkirsche, Herbstzeitlose), werden als stickstoffhaltige, alkalische Stoffwechselprodukte in verschiedenen Pflanzenteilen von der Wurzel bis zum Sproß gebildet und pflanzenspezifisch in bestimmten Geweben abgelagert. Viele Alkaloide, auch die weniger bedenklicher Genußmittel, z. B. in schwarzem Tee, Kaffee oder Tabak, wirken über das zentrale Nervensystem. Die Alkaloide sind die bedeutendsten Ausgangsstoffe für Medikamente.

Bitterstoffe, keine einheitliche Wirkstoffgruppe, sind häufig bei den Korbblütlern (Löwenzahn, Zichorien, Wermut) und Enziangewächsen (Tausendgüldenkraut, Enzian) zu finden. Die Bitterstoffe wirken appetitanregend und verdauungsfördernd.

Gerbstoffe sind wasserlösliche, stickstoffreie Produkte des Stoffwechsels, oft angereichert in der Rinde (Eiche), aber auch in Blättern (Brombeere, Minzen) enthalten. Gerbstoffe fällen nicht nur Eiweiß, sondern auch Alkaloide aus und wirken deshalb auch entgiftend, z. B. bei richtiger Teebereitung. An der Luft zersetzen sich Gerbstoffe unter Einwirkung von Sauerstoff. Deshalb sollen wir gerbstoffhaltige Teearten in dichtschließenden Gefäßen aufbewahren.

Als Heilmittel werden gerbstoffhaltige Pflanzendrogen z. B. gegen Zahnfleischbluten, bei starker Schweißabsonderung sowie bei Durchfallerkrankungen empfohlen.

Glykoside sind zusammengesetzte zuckerhaltige Substanzen, die hochwirksam, z. B. in Knoblauch, Senf oder Medizinal-Rhabarber, vorkommen und stark giftig in Maiglöckchen, Fingerhut sowie Bittermandel.

Glykoside sind z. B. Bestandteile von Herzheilmitteln.

Schleimstoffe, Pflanzenschleime, in Wasser aufquellend, kommen in vielen Pflanzenarten vor (Leinsamen, Eibisch). Sie wirken schützend auf unsere Schleimhäute, z. B. im Mund, Rachen, Magen und Darm.

Saponine (latein. Sapo = Seife) haben die Eigenschaft, wie Seifen in Wasser zu schäumen. Medizinal wirken sie schleimlösend und auswurffördernd, auch harntreibende Eigenschaften werden angenommen. Saponine sind z. B. enthalten im Seifenkraut, in Schlüsselblumen, Goldrute und Süßholz.

Organische Säuren (Äpfelsäure, Zitronensäure, Oxalsäure, Weinsäure) zählen zu den wichtigsten Würzstoffen der Frischkräuter, Früchte und Gemüse. Sie wirken erfrischend, anregend und leicht abführend.

Phytonzide sind eine uneinheitliche Gruppe noch wenig erforschter Inhaltsstoffe. Sie wirken schon in sehr kleinen Mengen hemmend auf Mikroorganismen. Beim Trocknungsvorgang zersetzen sich die Phytonzide. Bisher wurden sie z. B. in Knoblauch, Zwiebeln, Rosma-

rin, Eberraute und Thymian nachgewiesen.

Ergänzend wird auf die beachtlichen Mineralstoffgehalte der Kräuter (Kalzium, Kalium, Natrium, Phosphor, Jod u. a. Spurenelemente) hingewiesen und auf die Bedeutung der Vitamine, besonders beim Frischverzehr der Kräuter. Enzyme unterstützen im Zusammenspiel die vielfältigen Heilwirkungen.

Die Wirkstoffe der Pflanzen sind ungleich auf ihre verschiedenen Organe verteilt. Am meisten werden die chlorophyllhaltigen Blätter zu Heil- und Würzmitteln verwertet. Im gesunden Blatt finden wir die aktivsten Stoffwechselprozesse. Mit Hilfe des Chlorophylls produziert die Pflanze aus dem Kohlendioxyd der Luft und Wasser unter Einfluß des Sonnenlichts Glukose. Sie ist die Voraussetzung für den Aufbau aller anderen Naturstoffe, wie für die Bildung von Stärke, aber auch von Fett und Eiweiß und der Wirkstoffe. Eingestrahltes Licht wird in chemische Energie umgewandelt. Die Blätter sind also in der Regel besonders reich an Inhaltsstoffen.

Die Stengel dienen dem Wasser- und Stofftransport zwischen Wurzeln und Blättern. Hier lassen sich, abgesehen von Nitraten (die für die Ernährung unerwünscht sind), im allgemeinen nur geringe Konzentrationen von Inhaltsstoffen nachweisen.

In Holz und Rinde werden ebenfalls bestimmte Produkte des pflanzlichen Stoffwechsels abgelagert. Deshalb finden auch sie in der Pflanzenheilkunde Verwendung, wie am Beispiel der Faulbaum- oder Weidenrinde gezeigt werden kann.

Die Wurzeln, Aufnahmeorgane der Pflanzen, ebenso Rhizome und Wurzelknollen speichern vielfach Inhaltsstoffe, die heilkräftige bzw. würzende Eigenschaften erwarten lassen, z.B. Wurzelpetersilie.

Auch die pigmentreichen bunten Blüten enthalten heilaktive Substanzen. Besonders reich an ätherischen Ölen sind duftende Blüten, beispielsweise die von Lavendel. Die fleischigen Früchte zeichnen sich durch hohe Gehalte an Mineralstoffen und Vitaminen aus. Wild- und Kulturfrüchte werden bevorzugt als ergänzende Beigaben für viele Heilmittel verwendet.

Pflanzenteil	Lateinische Bezeichnung	Abkürzung
Ganzes Kraut	Herba	Herb.
Blatt, Blätter	Folium, Folia	Fol.
Blüte, Blüten	Flos, Flores	Flor.
Samen	Semen	Sem.
Frucht, Früchte	Fructus	Fruct.
Wurzel	Radix	Rad.
Wurzelstock	Rhizoma	Rhiz.
Zwiebel	Bulbus	Bulb.
Rinde	Cortex	Cort.

Beispiele:
Basilici herba = Kraut des Basilikums
Fragariae folium = Blatt der Erdbeere
Sambuci flos = Blüte des Holunders
Valerianae radix = Wurzel des Baldrians
Quercus cortex = Rinde der Eiche

In den Samen sind alle lebensnotwendigen Nähr- und Wirkstoffe der künftigen Pflanze in ausgewogener Zusammensetzung vorhanden. Samen sind deshalb vielfach hochwertige Nahrungs- und Heilmittel.

Durch Trocknen und Weiterverarbeiten werden die Heilpflanzen zu Drogen; wir sprechen von Pflanzendrogen oder vegetabilischen Drogen. In Rezepten und Inhaltsangaben für pflanzliche Drogen sind die Pflanzenteile zusammen mit den Pflanzennamen (Apothekernamen) lateinisch bezeichnet (siehe Tabelle S. 12 unten).

Unsere Kenntnisse über die Pflanzendüfte dürfen als recht bescheiden bezeichnet werden. Neben den kaum erforschten Harzen sind vor allem ätherische Öle von Blüten, Blättern und Wurzeln Duftträger.

Die Düfte unserer Medizinalpflanzen bestehen aus vielen Komponenten, die allerdings so einig und harmonisch gemischt sind, daß ein einheitlicher Geruchseindruck entsteht. Die Anwendung von Duftstoffen der Arzneipflanzen wird als Aroma-Therapie bezeichnet, die problemlos mit anderen Naturheilverfahren kombiniert werden kann.

Volksheilkunde im Wandel der Zeiten

Wechselvolle Geschichte der Kräuterkultur

Wahrscheinlich wuchsen schon in den Urgärten verschiedene Kräuterarten, die als Medizin oder Zaubermittel gegen Krankheiten bei Mensch und Tier benutzt wurden. Schon in sehr früher Zeit begann also die wechselvolle Geschichte der Kräuter in den Gärten. Die Ausgrabungen der Pfahlbauten am Bodensee gaben Aufschluß über die damals kultivierten Pflanzen, also in der Zeit vor 3.000 bis 4.000 Jahren. So wurden z. B. Kümmel, Mohn und die Vorfahren unserer heutigen Petersilie gefunden. Obwohl diese Gärten bescheiden sowie schmucklos ausgestattet und offensichtlich äußerst einfach genutzt wurden, war dieses sogenannte Zaunland den Germanen heilig und unverletzbar. Der römische Schriftsteller Cornelius Tacitus (98 n. Chr.) schrieb in seiner »Germania« allerdings, daß in diesem Lande dem Gartenbau noch wenig Aufmerksamkeit geschenkt wurde.

Eigentliche Gartenkultur brachten die römischen Soldaten über die Alpen in ihre besetzten Provinzen. Man wollte auf die Lebensgewohnheiten des Mut-

terlandes, auf eine abwechslungsreiche würzige Kost sowie heilende und duftende Pflanzen nicht verzichten und bemühte sich deshalb um den Kräuteranbau in unmittelbarer Nähe. Auf diese Weise wurden z.B. Zwiebelarten, einschließlich Knoblauch, Lauch, Koriander, Kerbel, Kresse, Dill und Minze auch unseren Vorfahren bekannt. Bei Ausschachtungen im Jahre 1974 mitten im hessischen Butzbach stieß man auf eine Zisterne, vermutlich eines römischen Händlers, aus dem 2. Jh. n. Chr. mit einer Fülle von Pflanzenresten, Samen und Früchten. Die Funde erlaubten interessante Einblicke in die Versorgung mit Nahrungs-, Würz- und Arzneipflanzen der damaligen Besatzungstruppen und der Bevölkerung am Limes. Neben Dill, Fenchel, Koriander und Kümmel konnten Samen von Sellerie, Judenkirsche, Tollkirsche und Bilsenkraut identifiziert werden.

Nach der Verdrängung der Römer machten sich die Alemannen nur das augenfällig Nützliche der römischen Gartenkultur zu eigen. Seit Chlodwig förderten die fränkischen Könige durch das christliche Mönchtum die frühe deutsche Gartenentwicklung. In der Landgüterverordnung Karls des Großen »Capitulare de villis« wurden 73 Gemüse- und Kräuterarten zum Anbau in den Bauerngärten empfohlen. Capitulare-Gärten kann man auf der Marksburg und in Aachen besichtigen.

Vor allem dem Benediktinerorden ist in der Folge die Verbreitung des Gemüse- und Kräuteranbaues zu verdanken. Die Mönche, dazu berufen, Armen und Kranken zu helfen, bauten die notwendigen heilsamen Kräuter in den Klostergärten an. Über ihre Bruderorden wurden Pflanzen erworben oder ausgetauscht. Im Mittelalter gelangten weitere einheimische Heil- und Würzpflanzen aus der freien Natur in die Kräutergärten, z.B. Wermut und Beifuß. Ergänzend wird darauf hingewiesen, daß

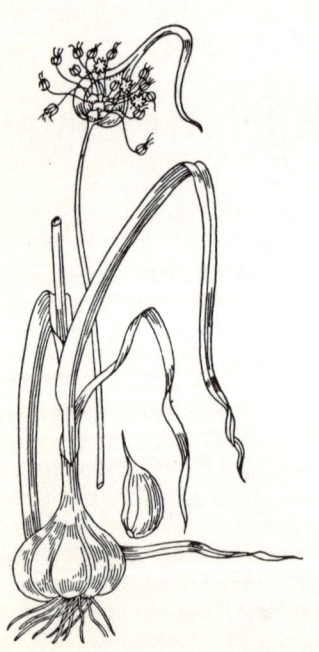

Knoblauch war schon unseren Vorfahren bekannt.

auch in den Burggärten der höfisch-ritterlichen Gesellschaft Arzneipflanzen besondere Beachtung fanden. Sie waren erforderlich zur Wund- und Krankenpflege in den oft recht kriegerischen Zeiten. Die Kreuzfahrer brachten verschiedene Gewächse des Orients wie Schwarzkümmel und Ysop von ihren Reisen mit in die Heimat. Über die Würzgärten auf den Burgen sind diese Gewächse in den Bauern- und Bürgergärten heimisch geworden. Überliefertes Wissen um die Heilkräfte der Kräuter wurde von Generation zu Generation weitergegeben, oft mit Aberglauben vermischt und jeweils durch eigene Erfahrungen ergänzt. Dadurch entstand das weite Gebiet der Volksmedizin, deren Teilbereiche inzwischen wissenschaftlich bestätigt werden konnten. Diese Volksheilkunde dient heute vielfach der Neuorientierung von Heilverfahren und als Grundlage der biologischen Medizin.

Moderne Kräuterheilkunde und Selbstmedikation

Die moderne Pflanzenheilkunde (Phytotherapie) berücksichtigt und wertet überlieferte, altbewährte Erfahrungen der Volksheilkunde gleichermaßen wie neue exakte naturwissenschaftliche Forschungsergebnisse. Wesentlich ist die ganzheitliche Betrachtungsweise, d. h., Mensch und Pflanze werden in einem ganzheitlichen System verstanden, die Einzelwirkstoffe der Kräuter nicht isoliert, sondern in ihrer Gesamtheit gesehen.

Überwindung der Krankheiten durch Anregung der Selbstheilungskräfte unseres Körpers, auch durch unsere Heilpflanzen, ist ein weiterer Grundsatz. Krankheitsanzeichen, z. B. Fieber, sind Anzeichen von Heilungsvorgängen und sinnvollen Versuchen des Organismus, mit der Krankheit fertig zu werden. Wir müssen die Selbsthilfemechanismen nur unterstützen. Die Pflanzenheilkunde berücksichtigt also stets den ganzen Menschen. Die Behandlungen sind oft recht langwierig, der Körper wird erst allmählich gekräftigt, und die Funktionen normalisieren sich nach und nach, nicht zuletzt unter größtmöglicher Schonung der Organe. Bei den hier empfohlenen Heilpflanzen handelt es sich zwar allgemein um milde Arzneimittel mit dem Vorzug der Ausgewogenheit ihrer Wirkstoffe. Trotzdem sind Nebenwirkungen nicht auszuschließen. Deshalb sollten die Anwendungshinweise immer sorgfältig beachtet und auch die als unbedenklich geltenden Kräuterheilmittel immer mit Maßen verwendet werden. Grundsätzlich gilt auch hier, daß jeder Stoff dem Körper schädlich werden kann. Es hängt allein von seiner Menge oder Dosis ab, die dem Organismus zugeführt wird.

Schließlich sind Kräuteranwendungen nur ein Teilgebiet der Naturheilkunde. Maßvolle Lebensführung, Körpertraining, Atemübungen, Einschränkung der Genußmittel, z. B. Nikotin, unterstützen die Pflanzenheilbehandlungen.

Planung von Heilkräutergärten

Immer mehr Familien wollen einen eigenen Kräutergarten besitzen. Verständlich, wer möchte nicht gerne in unmittelbarer Nähe jeden Tag so viele Kräuter unbedenklich auswählen und ernten können, daß er in deren Düften schwelgen und nach Belieben Tee und Teegetränke ganzjährig bereiten oder auch Tinkturen und Spezereien selbst herstellen kann.

Kein Kräutergarten kann dem anderen exakt gleichen. Zuschnitt des Grundstückes, Standortbesonderheiten, Landschafts-, Dorf- bzw. Hofbild und natürlich die Bedürfnisse des Gartenbesitzers bestimmen Gestaltung und Entwicklung. Wenn sich auch der Kräutergarten selbstverständlich dem Gesamtcharakter des Gartens unterordnen muß, so bleibt doch noch für Phantasie und Gestaltungsdrang ein breiter Spielraum.

Grundregeln

Um längerfristig spürbare Nachteile zu vermeiden, sollten folgende allgemeine Grundregeln bei der Anlage von Kräutergärten beachtet werden:

Sonnige Standorte wählen

Die bekannten Teearten sind vorwiegend »Kinder der Sonne« und häufig aus südlichen Ländern zu uns gekommen. Sie erreichen das volle Aroma, die bestmögliche Würzkraft und Heilkräutereigenschaften bei zufriedenem Wuchs und Pflanzengesundheit nur mit reichlicher Besonnung.

Möglichst in Hausnähe anlegen

Kräuter werden in Küche und Haus oft rasch gebraucht. Deshalb legen wir unsere Kräutergärten in Hausnähe an, um sie trockenen Fußes schnell zu erreichen. Wege oder Trittwege sollten so befestigt sein, daß bei jedem Wetter die Kräuterernte möglich ist.

Oben links: Echtes Tausendgüldenkraut (*Centaurium erythraea*) steht unter Naturschutz und sollte deshalb im eigenen Garten angepflanzt werden (siehe Seite 49).
Oben rechts: Weißer Andorn (*Marrubium vulgare*), ein altes Heilkraut, das nahezu in Vergessenheit geraten ist, verdient unsere Aufmerksamkeit (siehe Seite 33).
Unten links: Die Weinraute (*Ruta graveolens*) ist eine streng riechende Heilpflanze, die wegen möglicher Nebenwirkungen nur in kleineren Mengen verwendet werden sollte (siehe Seite 50).
Unten rechts: Echte Kamille (*Chamomilla recutita*) ist eine volkstümliche Heilpflanze mit vielseitigen Verwendungen (siehe Seite 43).

Grundregeln

Echter Alant (*Inula helenium*) besitzt dekorative Korbblüten und einen heilkräftigen Wurzelstock (siehe Seite 33).

Platz für eine Gartenbank berücksichtigen

Ohne Gartenbank fehlt unserem Kräutergarten ein wichtiges Element.
Bei der Ernte werden wir nur selten Zeit zum Sitzen und Vorputzen des Erntegutes haben. Vielmehr soll die Bank einladen, öfters im Kräutergarten zu verweilen, um sich an den vielfältigen Düften und bescheidenen Schönheiten der Kräuter, den fleißigen Bienen, Schmetterlingen, den Vögeln an der Wassertränke und anderen kleinen Gästen zu erfreuen.

Wasseranschluß ist zweckmäßig

Die Kräuterarten sind zwar genügsam in ihren Ansprüchen; allerdings leidet die Pflanzenentwicklung bei längeren Trockenperioden, besonders auf Standorten mit leicht durchlässigem Boden. Ideal ist eine zusätzliche Regenwasserversorgung. Regentonnen können auch zum Ansetzen von Kräuterbrühen genutzt werden. Auf alle Fälle sollten wir den Insekten und Vögeln eine Wassertränke anbieten, damit sie den Kräutergarten möglichst oft besuchen.

Wichtig: richtige Materialverwendung

Unsere Kräutergärten dürfen nicht kitschig wirken. Deshalb wählen wir für Wegebau, Umzäunung und Ausstattung landschaftstypische bodenständige Materialien, wie z.B. Steine – auch Feldsteine –, Holz, Ton, Keramik oder Schmiedeeisen, und berücksichtigen die örtliche Handwerkskunst. Auch eigene Kunstfertigkeiten sind gefragt. Schließlich können auf diesem Wege durch Anerkennung Kreativitäten für Klein- bzw. Volkskunst gefördert werden. Jeglicher unzweckmäßiger Zierat, z.B. Rondelle mit gebrauchten Schlepperreifen, Einfassungen mit leeren Weinflaschen oder unbrauchbar gewordene Hofgerätschaften, entspricht nicht den Grundzügen echter Kräutergärten von Schlichtheit, Zweckmäßigkeit und harmonischer Gestaltung; es wirkt eher wie ein durch Pflanzen verzierter Schrottplatz. Man kann derartige Materialien höchstens dort verwenden, wo sie bald von Pflanzen überwuchert und damit unsichtbar werden.

Gestaltungsvorschläge für Teekräutergärten

Die nachfolgenden Anregungen enthalten allgemeine Hinweise, die je nach Bedarf und eigenen Ideen abgewandelt oder geschickt miteinander kombiniert werden können.

Kräuterbeete

Das sind die einfachsten und übersichtlichsten Anlagen, besonders geeignet für den Einstieg in die Teekräuterei. Beide nachfolgend beschriebenen Formen lassen sich im Nutzgarten problemlos einordnen.

Zur Versorgung einer vierköpfigen Familie reicht das große Kräuterbeet mit den Abmessungen 4 × 3 m aus, um den Grundbedarf der wichtigsten Teekräuter zu decken. Bei der Neuanlage des Kräuterbeetes sind die Pflanzenhöhen und das Platzbedürfnis zu berücksichtigen. Grenzt das Kräuterbeet an eine Mauer oder einen Zaun, so stehen die mehrjährigen, hochwachsenden Pflanzenarten hinten, bei einem freiliegenden Beet in der Mitte. Die niedrigeren und einjährigen Kräuter sollten vorne angepflanzt werden. Zur leichteren Pflege und Ernte können wir Trittplatten auslegen.

Beim Beetkräutergarten genügen vier bis sechs Beete (ca. 4 m lang und 1 m breit) für einen Vier-Personen-Haushalt. Es erfolgt reihenweiser Anbau der ausgewählten Pflanzenarten, wobei die Empfehlungen für Kräutermischkulturen Berücksichtigung finden können. Durch die regelmäßige Rotation der Beete mit den bewährten Kräuterkombinationen wird der erwünschte Kulturwechsel erreicht.

Historischer Kräutergarten

Eine Besonderheit ist der historische Kräutergarten nach dem Vorbild der berühmten mittelalterlichen Klosterkräutergärten. Diese waren rechteckig und die Wege stets in Kreuzform angelegt. Im Mittelpunkt stand häufig ein Brunnen oder Wasserschöpfbecken.

Für die Wegeeinfassung des zünftigen Klosterkräutergartens eignen sich niedrig wachsende, regelmäßig geschnittene Buchsarten. Man darf annehmen, daß die Klostergärten den ummauerten Gärten Ägyptens, Algeriens und Spaniens nachempfunden waren. Über Jahrhunderte sind sie das bestimmende Gartensystem im christlichen Abendland und die Brücke zu den Bauern- und Bürgergärten gewesen.

Ornamental verspielte Kräutergärten

Diese Kräutergärten finden wir bevorzugt in westlichen Nachbarländern, ebenso die bekannten Grau- und Silber-Kräutergärten.

Die ornamentale Gestaltungskunst nimmt Pflanzen, Blüten und Tiere als Vorbilder und versucht, in strenger, klarer Weise zu vereinfachen und zu deuten.

Ornamente bestehen aus geometrischen Figuren wie Quadrat, gleichseitigem Dreieck, Kreis und anderen Formen.

Durch die verschlungenen Linien der Ornamente ergeben sich verschiedengestaltige Beetflächen für die Gruppenbepflanzung mit bekannten Kräutern und zum Bestreuen mit buntem Kies. Selbst Ornamentkräutergärten im elisabethanischen Stil lassen sich verwirklichen. Entscheidend für die Schönheit aller ornamentaler Anlagen ist, daß Form und Dekor mit dem eigentlichen Zweck in Einklang bleiben.

Heilkräuter in Kübeln, Balkonkästen und Töpfen fürs Zimmer

Besonders in städtischen Ballungsgebieten mit begrenztem Platzangebot finden wir ideenreiche Gartenhöfe als Kübel- und Trog-Kräutergärten. Sehr dekorativ können sie stufenförmig in Hauseingängen, Hofeinfahrten, auf Ter-

Richtige Bepflanzung eines Balkonkastens, oben Ansicht, unten Aufsicht.

1 Hochwachsende Arten, z.B. Fenchel, Rosmarin, Garten-Ringelblume und Wermut, werden hinten in die Balkonkästen gepflanzt.

2 Mittelhohe Kräuter, z.B. Echte Kamille, Tüpfel-Johanniskraut, Ysop und Knoblauch, wachsen in der Mitte.

3 Niedrige bzw. hängende Arten, z.B. Kapuzinerkresse, Thymian, Minze-Arten und Tripmadam, stehen vorn.

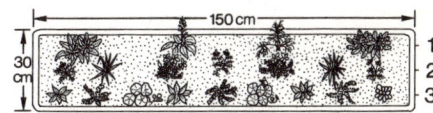

rassen, Dachgärten, Balkonen und Loggien angelegt werden (siehe auch Zeichnung Seite 45). Als Gefäße kommen grundsätzlich alle Materialien in Frage, wenn sie in den Farben und Formen zum Umfeld passen. Sie dürfen auch in ihrer Größe und dem Fassungsvermögen variieren. Allerdings sollten sie nicht ein Sammelsurium von Behältern darstellen. Zu den mobilen Gärten zählen auch mit Kräutern bepflanzte Mooswände und Moostürme oder Kräuterkulturen in Erdsäcken. Es eignen sich nahezu alle ein- und mehrjährigen Kräuterarten für die Kulturen in Schalen, alten Trögen, Töpfen und Ampeln. Nur ist stets zu bedenken, daß die Pflanzen in den Gefäßen wenig Raum und begrenzte Wasser- sowie Nährstoffversorgung haben. Andererseits garantieren durchlässige Erde und Tonscherben oder eine Sandschicht auf den Abzugslöchern dafür, daß keine Vernässung eintritt. Nach dem Einwachsen benötigen die Kräuter regelmäßig alle drei bis vier Wochen eine zusätzliche flüssige Düngung mit handelsüblichen organischen oder mineralischen Düngemitteln bzw. mit Kräuter- oder Kompostauszügen.

Den wenigsten Raum benötigen ganzjährige Zimmerkräutergärten. Sie sollten an hellen Fensterfronten stehen. Ideale Standorte bieten die sogenannten Wintergärten, die heute wieder gerne gebaut werden. Zusammen mit Zierpflanzen können die Kräuter in dekorativen Gefäßen schmückende und belebende grüne Nischen in den

Richtige Pflanzung im Kübel. Unten im Topf müssen sich Abzugslöcher befinden, über die einige Tonscherben gelegt werden. Darüber gibt man eine Schicht Kies mit einer Sandauflage oder Vlies, damit die nun folgende Erdschicht nicht ausgewaschen werden kann. Die Erde wird nicht bis zum Topfrand aufgefüllt, sondern man beläßt einen Gießrand von etwa 2 cm.

Heilkräuter in Töpfen

Wohnungen darstellen. Schnellwachsende Kräuterarten wie Kresse, Dill, Kerbel, Portulak und Senf werden mehrmals im Jahr in Folgesätzen ausgesät. Selbstverständlich gehören zum Zimmer- und Balkonkräutergarten auch mehrjährige Kräuterarten. Am bekanntesten sind Zitronenmelisse, Dost, Rosmarin, Thymian, Ysop, Lavendel, Minzearten, Pimpinelle, Tripmadam, Weinraute, Salbei und Estragon. Selbst der starkwachsende Liebstöckel braucht nicht zu fehlen. Steht genügend Platz zur Verfügung, ergänzen wir das Sortiment mit Duftpelargonien, Zitronenstrauch und einem Lorbeerbaum. Sobald es im Frühjahr die Witterung erlaubt, darf die Kräutergesellschaft nach vorheriger Abhärtung und Gewöhnung an das Sonnenlicht auf das gesicherte Außenfensterbrett wechseln.

Denken wir bei allen Gefäßkulturen stets daran, daß wir den Pflanzenwurzeln in den Gefäßen nur wenig Raum sowie begrenzte Wasserversorgung zumuten. Soll der Erfolg nicht ausbleiben, müssen Pflanzung und Pflege so sorgfältig wie bei unseren Topfblumen geschehen. Als Substrat ist entweder handelsübliche Fertig-Blumenerde oder eine eigene Mischung aus reifem Kompost mit Sand- und Torfzugaben empfehlenswert. Vorteilhaft geben wir in die Erde Hornspäne als Vorratsdünger. Alle Gefäße sollten ausreichend dräniert sein, um Schäden durch Vernässung vorzubeugen. In die Schalen, Kästen und Töpfe, die in jedem Falle am Boden Abzugslöcher haben sollen, gibt man Tonscherben und eine Schicht Sand oder Kies. Die Erde füllen wir nicht randvoll in die Kulturgefäße, sondern belassen einen etwa 2 cm breiten Gießrand. Erleichterte Pflege und weniger Gießfehler infolge zu feuchter oder trockener Perioden bieten z. B. Balkonkästen mit Wasserspeicher aus dem Gartenfachhandel.

Findige Kräutergärtner können ihre Kulturen mit selbstgebastelten automatisierten Kleinbewässerungsanlagen versorgen. Sind die Kräuter in den Gefäßen angewachsen, brauchen sie nach weiteren drei bis vier Wochen zusätzliche, am besten flüssige Düngung. Entweder verwenden Sie dazu handelsübliche Mehrnährstoffdünger oder besser aus organischen Düngern bzw. Kräutern und Kompost selbstangesetzte Lösungen.

Von der Kräuterkultur zum naturnahen oder »wilden« Heilgarten

Wer seinen Kräutergarten ausschließlich alternativ bewirtschaften will, hat keine besonderen Schwierigkeiten zu erwarten. Unsere Heilpflanzen sind in beachtlichem Maße widerstandsfähig gegen Krankheiten und stellen nur bescheidene Ansprüche an die Düngung. So lassen sich eigentlich alle bekannten alternativen Anbauverfahren auf unseren Kräutergarten übertragen. Selbstverständlich ist die wichtigste Voraussetzung, daß der Standort nicht an verkehrsreichen Straßen oder in der Nähe umweltbelastender Industriebetriebe liegt.

Ausdauernde Kräuter am richtigen Standort braucht man auch nach mehreren Jahren nicht umzupflanzen, wenn es gelingt, daß aus der Pflanzengruppierung eine Lebensgemeinschaft erwächst. Sollten sich andere Kräuterarten ohne unser Zutun ansiedeln und untereinander vertragen bzw. die Gemeinschaft sogar fördern, wollen wir nur dann regulierend eingreifen, wenn die Bestände zu dicht werden. Aus diesem alternativen Kräutergarten hat sich auf solche Weise schon relativ schnell ein eigenes Kräuterbiotop entwickeln lassen. Mit Sicherheit finden hier auch seltene, vielleicht sogar bedrohte Schmetterlinge und Käfer die notwendige Lebensgrundlage und eine dauernde Zuflucht.

Für unbearbeitete Landstreifen, entlang von Gebäuden, hinter Schuppen oder Stallungen einzelstehender Bauernhöfe, angrenzendes Hanggelände, Raine oder größere Wochenendgrundstücke, die oft schwierig zu bearbeiten sind, bietet sich die Umwandlung in Kräuterwiesen an. Sehr häufig finden wir auf diesen Flächen schon eine Reihe von wertvollen Heilkräutern oder Wildgemüse, z.B. Kamille, Schafgarbe, Wegericharten, Brennessel, und Sträucher wie Schwarzer Holunder, Wildrosen, Ebereschen und Brombeeren.

Für unser Vorhaben müssen wir zunächst das Grundstück entrümpeln und auch größere Steine aufsammeln. Dann bestehen zwei Möglichkeiten: entweder weiterwachsen lassen oder umbrechen und mit einer Wildkräuter-Wiesenmischung ansäen.

Ausgesprochene Naturkräutergärten umfassen größere Areale in der freien Landschaft. Es handelt sich dabei um weniger fruchtbare Brachflächen, stillgelegte Steinbrüche, Kies- oder Tongruben, Steinhalden oder Hanglagen, die landwirtschaftlich nur schwierig zu bearbeiten sind. Solche Landschaftsteile langfristig in Naturkräuterreservate

umzuwandeln, überfordert im allgemeinen die Möglichkeiten des einzelnen Bürgers. Hier müssen Vereine und Interessengruppen, vielleicht mit Unterstützung der Gemeinden, Landkreise und Grundstücksbesitzer, engagiert tätig werden.

Gleiches gilt für die Anlage von Kräuterlehrgärten und -lehrpfaden, in Verbindung mit Schulgärten, vereinseigenen Anlagen von Naturschutz-, Landfrauen- und Gartenbauvereinen. Im Bundesland Hessen hat das Hessische Landesamt für Ernährung, Landwirtschaft und Landentwicklung z. B. alle Kurorte aufgerufen, Lehr-Kräutergärten anzulegen sowie Kurse und Kräuterwanderungen anzubieten. Kurparks sollten vor allem Kräuterarten mit Heilanzeigen für Behandlungen des jeweiligen Kurortes auswählen. Bemüht, ihre Gesundheit zu erhalten oder Leiden zu lindern, sind Kurgäste interessiert, möglichst viele

Pflanzen kennenzulernen, die ihnen helfen könnten. Beispielhafte Kräutergärten entstehen in den neuen hessischen Kurorten Emstal und Zwesten. Auf breiter Front könnte auch künftig mit solchen Maßnahmen unsere aufgeschlossene Bevölkerung über den hohen landeskulturellen Wert und die besondere gesundheitliche Bedeutung der Heilkräuter informiert werden.

Ländliches Kulturgut besonderer Art sind die selten gewordenen Kirch- und Pfarrgärten mit Kräuteranlagen. Diese einmaligen Zeugnisse lebendiger Dorfgeschichte sollte man restaurieren und ferner funktionsgerecht zu erhalten suchen. Verbunden mit neuen Kräutermärkten nach altem Vorbild, könnte überliefertes Wissen der Volksheilkunde vermittelt und das Interesse am eigenen Anbau und der Selbstverwertung heilkräftiger Kräuter nachhaltig verbreitet werden.

Kulturarbeiten im Heilkräutergarten

Der langfristige Erfolg unserer Kräuterkulturen wird maßgeblich vom Standort bestimmt. Vorteilhaft sind in sonnigen Lagen durchlässige, humushaltige, tätige Gartenböden. Bei schweren, tonigen Bodenarten auf Baugrundstücken mit Bodenverdichtungen ist zunächst

eine Gründüngungskultur empfehlenswert.

Humusarme Sandböden sind mit Komposterde, verrottetem Stallmist u. a. zu verbessern. Bodenproben geben Auskunft über den Nährstoffzustand (Kalium, Phosphorsäure, Magnesium) und

den pH-Wert, mit Empfehlungen für eventuelle erforderliche Kalkgaben zur Bodenverbesserung. Der pH-Wert für unsere Kräuterkulturen sollte je nach Bodenart (Sandboden – sandiger Lehm – Lehmboden) zwischen 5,5 und 6,5 liegen.

Bis zur Pflanzung im Frühjahr können vorteilhaft Kurzzeit-Gründüngungskulturen, z. B. mit Senf oder Spinat, vorangestellt werden.

Von den meisten mehrjährigen Kräuterarten brauchen wir für die Neuanlage unseres Selbstversorger-Kräutergartens jeweils nur ein oder wenige Exemplare. Eigene umständliche Anzucht lohnt sich für solche Fälle nicht. Von ortsansässigen Gärtnereien, Gartencentern oder Spezial-Staudenbetrieben und Garten-Baumschulen werden die bekannten Kräuterarten zu den entsprechenden Pflanzzeiten ausreichend sortiert angeboten.

Aussaat

Einjährige und zweijährige Kräuter säen wir direkt im Frühjahr auf die vorgesehene Fläche des Kräutergartens, oder wir kultivieren die Jungpflanzen im Gewächshaus, Frühbeetkasten oder am Zimmerfenster in Saatschalen und Kästen vor.

Ein empfehlenswertes einfaches Anzuchtverfahren in Preßtöpfen bietet das Kleingewächshaus auf dem Fensterbrett, gleichermaßen geeignet für Aussaaten und Stecklinge. Im Wasser quellen die Preßtöpfe auf und sind in wenigen Minuten verwendungsfähig. Die glasklare Haube ist lüftbar, zum späteren Abhärten der Pflanzen vor dem Freistellen. Nach dem Durchwurzeln der Torfballen kann in größere Gefäße umgetopft oder in den Kräutergarten gepflanzt werden – nach vorheriger Abhärtung und Gewöhnung an das Sonnenlicht. Beim Aussäen gilt die Regel, daß wir den Samen nur mit dem Zwei- bis Dreifachen seiner Dicke mit Boden, besser mit feinem Sand abdecken sollen. Lichtkeimer sät man vorteilhaft auch in Rillen, braust aber den Samen nur vorsichtig in den Boden ein.

Für verschiedene Pflanzenarten gibt es im Samenhandel Pillensaatgut, um die Aussaat zu erleichtern. Auch werden Saatbänder und Saatteppiche mit verschiedenen Kräuterkombinationen angeboten, die besonders für Anfänger die Aussaat erleichtern. Um die direkt gesäten Kräuterkulturen und auch die mehrjährigen Pflanzen zu verfrühen und möglichst bald frisches Grün ernten zu können, legen wir gelochte Flachfolie oder Vliese über unsere Kräuterbeete. Dadurch erwärmt sich der Boden schneller, und Keimung und Austrieb werden beschleunigt. Vorsicht! Denken wir stets daran, daß unter Folien und Vliesen auch die Nacktschnecken früher erscheinen und die junge sprießende Saat vollständig vernichten können. Streuen wir also rechtzeitig unbedenkliche Schneckenmittel aus oder stellen Schneckenfallen unter die Folien- oder Vliesdecke!

Vermehrung

Vegetative Vermehrung

Das einfachste Verfahren ist die Teilung der mehrtriebigen Wurzelstöcke mit dem Spaten.
Sicherer und ergiebiger sind Teilungen, wenn wir die Wurzelballen im Frühjahr aus dem Boden nehmen, die Triebknospen freilegen, mit einem großen Sägemesser Teilstücke mit Wurzeln und

Teilen älterer mehrtriebiger Wurzelstöcke gelingt mit Spaten oder Messer.

Knospen abschneiden und möglichst sofort wieder pflanzen.
Auch durch Stecklinge lassen sich mehrjährige Kräuterarten vermehren, z.B. Eberraute, Thymianarten, Bergbohnenkraut, Zitronenmelisse und Zitronenstrauch, Rosmarin, Weinraute und Lavendel. Am sichersten bewurzeln Kopfstecklinge; das sind etwa 5 cm lange Triebendstücke, die direkt unterhalb des Blattansatzes glatt geschnitten werden. Die Anwendung von Bewurzelungshormonen ist bei der Kräutervermehrung nicht erforderlich, wenn wir sofort nach dem Stecken die Schalen, Kisten oder Kunststoffplatten mit transparenter Folie umspannen. Dadurch entsteht im verbleibenden Luftzwischenraum ein Kleinklima mit gleichmäßig hoher Luftfeuchtigkeit und allen Bedingungen für eine schnelle Bewurzelung (siehe Zeichnung S. 28). Nach erfolgter Wurzelbildung wird das Vermehrungsmaterial vorsichtig an den freien Stand gewöhnt, also abgehärtet, pikiert, getopft oder direkt in den Kräutergarten gepflanzt.

Pflanzenernährung

Ist der Boden nach dem Untersuchungsbefund hinreichend mit den Hauptnährstoffen versorgt oder seit Jahren in gutem Kulturzustand, können wir auf mineralische Düngung verzichten, denn schon eine geringe Stickstoff-Überdosierung kann die Pflanzen stark zum Treiben bringen und sie in der

27

Stecklingsvermehrung
Nachdem wir die Stecklinge unterhalb eines Blattknotens geschnitten haben, werden sie in sandige Erde gesteckt. Da die Stecklinge zum Bewurzeln eine hohe Luftfeuchte brauchen, kommen sie z. B. in ein selbstgebautes Kleinstgewächshaus (siehe Text S. 27).

Regel weniger aromatisch und geringwertiger machen. Im allgemeinen genügt für die Nährstoffversorgung eine kräftige Gabe reifer Kompost oder verrotteter Stallmist. Läßt die Triebigkeit stark nach und wird die Blattfarbe hell-

grün, zeigt dies unzureichende Stickstoffversorgung an. In diesem Falle empfehlen wir zusätzliche Gaben von Hornspänen, Blutmehl oder anderen organischen Düngern. Schnell wirksam sind flüssige Dünger aus Brühe-Ansätzen mit Kräutern und organischen Düngemitteln, z. B. mit Hornspänen, Stallmist oder Kompost.

Selbstverständlich ist die Pflanzenernährung auch von ausreichender Wasserversorgung abhängig. Deshalb wird empfohlen, den Boden im Kräutergarten mit organischen Materialien zu mulchen; Flächenmulch wirkt wassersparend und fördert ein ungestörtes Bodenleben.

Pflanzenschutz

Zum Pflanzenschutz bleibt festzustellen, daß im allgemeinen keine chemischen Behandlungen erforderlich sind. Unsere Kräuter, weitgehend noch mit Wildcharakter, sind äußerst widerstandsfähig gegen Krankheiten. Auch richtige Standortwahl und Zusammenstellung der Kräuterarten zu Pflanzengruppen, aus denen in der Folge echte Lebensgemeinschaften erwachsen, beugen Krankheitsbefall vor. Für die Kräutergärten empfehlen wir überwiegend mechanische Pflanzenschutzmaßnahmen. So führt stärkerer Rückschnitt rost- und mehltaubefallener Minze und Melissen zu gesundem Neutrieb. Auch Entfernen der Schnecken und Raupen durch Absammeln sowie

Pflanzenschutz

Aufstellen von Fallen zum Fangen von Schnecken oder Wühlmäusen sind zu nennen. Im Kräuterbeetgarten können wir ferner durch Kulturschutznetze gefährdete Pflanzen vor Schädlingen schützen. Durch Aufhängen von leimbestrichenen Gelbtafeln ist eine Bekämpfung von Blattläusen und Weißer Fliege in begrenztem Umfange möglich. Nimmt die Blattlausplage allerdings ungewöhnliche Ausmaße an, beispielsweise in einer Dillkultur, helfen wir uns mit Spritzpräparaten, die für Mensch und Haustier unbedenklich sind.

Kräuterjauchen, Kräuterbrühen und Kräutertee selbst herstellen

Für alternative Nutz-Kräutergärten sind die bekannten unterstützenden Spritzmaßnahmen (mit Schachtelhalmtee gegen Pilzerkrankungen, Brennesselbrühe gegen Blattläuse und Wermuttee gegen Erdflöhe) allgemein üblich.

Zu jedem Kräutergarten gehört eigentlich eine Kräutertonne, um Kräuterabfälle zu sammeln und diese für Kräuterbrühen und Kräuterjauchen in Wasser anzusetzen.

Die bekanntesten Kräuter für gezielte Pflanzenschutz- und Düngungsmaßnahmen im alternativen Gartenbau sind Brennessel, Schachtelhalm, Beinwell, Rainfarn und Wermut. Zur Herstellung von Pflanzenauszügen lassen sich selbstverständlich auch viele andere Arten, z.B. Ysop, Majoran, Minze und Kamille, verwenden. Wir unterscheiden Kräuter-Kaltwasserauszüge, Kräuter-

tees, Kräuterbrühen und Kräuterjauchen.

Für Kräuterauszüge zum Pflanzenschutz wird – in der Regel – 1 kg Grünmasse, z.B. von Brennesseln oder Beinwell, handlang geschnitten und in Bottichen, Fässern oder Eimern in 10 Liter kaltem Wasser, am besten Regenwasser, angesetzt. Nach 12–24 Stunden, spätestens nach drei Tagen, ist der Brennesselauszug spritzfertig und kann unverdünnt, z.B. zur Bekämpfung von Blattläusen, eingesetzt werden.

Gären die Kräuterauszüge, bei warmem Wetter beginnt der Gärungsprozeß

Kräuterjauchen, -brühen oder -tees lassen sich leicht selbst herstellen.

29

nach wenigen Tagen und ist je nach Temperatur nach anderthalb bzw. zwei, im Extremfall bis fünf Wochen beendet, gewinnen wir Kräuterjauchen zur flüssigen Düngung. Vermehrtes Umrühren wird empfohlen, und zum Binden des Jauchegeruches sollte jeweils vor dem Rühren eine Handvoll Steinmehl zugesetzt werden. Vor Gebrauch sind die Kräuterjauchen im Verhältnis 1:10 mit Wasser zu verdünnen.

Kräutertee zur Pflanzenstärkung wird durch Überbrühen von frischen oder getrockneten Kräutern, z.B. Beinwell, Kamille, Löwenzahn, Schachtelhalm oder Wermut, mit kochendem Wasser hergestellt. Zum gleichen Zweck der Pflanzenstärkung können wir auch die Rückstände unserer Trink-Kräutertees nach dem Aufbrühen noch einmal mit warmem Wasser ansetzen und nach einigen Stunden zum Gießen der Zimmer-Kräuterkulturen verwenden.

Kräuterbrühen gegen verschiedene Pflanzenkrankheiten, z.B. Mehltau und Rost, entstehen ebenfalls aus frischen oder getrockneten Nutz- oder Wildkräutern, die 24 Stunden lang in Wasser angesetzt, danach 20 Minuten auf kleiner Flamme gekocht, zugedeckt, abgekühlt und dann gesiebt Anwendung finden.

Bekannte Kräuterbrühen sind Schachtelhalm- oder Rainfarn-Absude, angesetzt mit zehn Litern Wasser für 300–500 g frische Pflanzenmasse.

Vorsicht! Nicht abgedeckte Behälter mit Kräuterjauchen sind Gefahren für spielende Kinder und Nutztiere.

Kräuterreste, auch nach der Vergärung, können sinnvoll zur Bodenbedeckung (Mulchen) oder als Beigabe zur Kompostbereitung dienen.

Ergänzend sei vermerkt, daß in Kräuterjauchen und -brühen inzwischen auch verstärkt Abfallpapier und -pappe eingeweicht wird zur anschließenden einwandfreien Kompostierung. Damit ist ein Beitrag zur Entsorgung und Umweltentlastung gegeben.

Weitere Pflegemaßnahmen

Sind die Kräuterbestände zu dicht geworden oder läßt der Wuchs außerordentlich nach, können wir umpflanzen, d.h. verschiedene Pflanzenarten gegeneinander auswechseln und dabei evtl. die Wurzelstöcke teilen und den Boden verbessern.

Problemlos ist der Rückschnitt ausdauernder Kräuter. Sind sie besonders sperrig gewachsen, regulieren wir bereits im Vorwinter. Der eigentliche Schnitt abgestorbener Pflanzenteile erfolgt im allgemeinen im Frühjahr, wenn der Austrieb beginnt, bis in das gesunde Holz. Um Sträucher im Zaum zu halten, sind zuweilen Auslichtungen und stärkere Rückschnitte notwendig. Unseren Kräutern geben wir zweckmäßig Winterschutz durch Anhäufeln oder Abdecken mit Fichtenzweigen. Trotzdem müssen in rauheren Gebieten verschiedene Kräuterarten, z.B. Rosmarin, aus dem Boden genommen und im Haus überwintert werden. Gleiches gilt für die fremdländischen Pflanzenarten Lorbeerbaum, Myrte und Zitronenstrauch. Die Überwinterung erfolgt vorteilhaft in einem frostfreien, möglichst hellen Raum, am besten im Wintergarten oder Treppenaufgang. Während der winterlichen Ruhezeit sind die Lebensvorgänge dieser Pflanzen stark eingeschränkt. Deshalb dürfen wir nicht düngen und nur sparsam gießen.

Ernte und Aufbewahrung

Die Kräuterernte erfolgt am besten am frühen Vormittag, sobald die Pflanzen tautrocken sind. Der Rückschnitt darf allerdings nur so tief erfolgen, daß genügend gesunde Blätter an den Trieben verbleiben, um einen erneuten Austrieb zu ermöglichen. Vergilbte, faulende und trockene Pflanzenteile sind aus dem Erntegut zu entfernen.

Der günstigste Zeitpunkt für die Samenernte ist der frühe Morgen, weil die reifen, taufrischen Samenbestände in diesem Zustand weniger Samenkörner verlieren. Wurzelheilkräuter werden im Spätherbst oder zeitigen Frühjahr ausgegraben, gründlich gewaschen und in 2–3 cm lange Stücke zerschnitten, damit sie schneller trocknen.

Das Trocknen darf nicht in der Sonne geschehen, abgesehen von den Kräutern, deren Samen geerntet werden sollen. Entweder wird das Schnittgut in kleinen Bündeln in einem luftigen Schuppen aufgehängt oder auf Horden gebracht, neuerdings auch in selbstge-

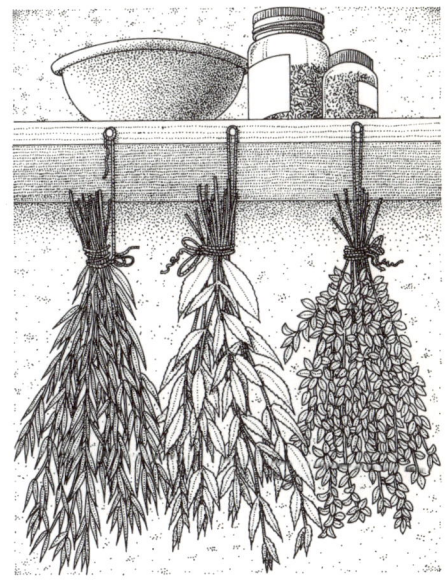

Kräuter werden gebündelt und verkehrt herum zum Trocknen aufgehängt.

bastelten Solartrocknern aufbereitet (siehe S. 62 f.).

Durch Wasserentzug verlieren die Pflanzen 80–90 % ihres Gewichtes. Im Sommer reicht meist der natürliche Trocknungsvorgang aus. In den Übergangszeiten ist dagegen oft eine zusätzliche Nachtrocknung in Backröhren oder geeigneten elektrischen Kräutertrocknern notwendig. Für Pflanzenteile mit ätherischen Ölen dürfen die Trocknungstemperaturen 35–50 °C nicht

übersteigen, um Verflüchtigungen zu vermeiden.

Wenn die Blätter beim Anfassen rascheln und die Stengel leicht brechen, ist der Trocknungsvorgang abgeschlossen. Jetzt erfolgt das Zerkleinern, im allgemeinen mit Hilfe eines Grobsiebes, und das Verpacken in luftdichte Dosen oder Schraubgläser sowie das Etikettieren mit Angaben über Inhalt und Erntejahr. Sinnvoll ist auch ein Hinweis auf die Verwendung.

Die Wirksamkeit der getrockneten Teekräuter vermindert sich selbst bei sorgfältiger Lagerung. Deshalb sollten nach einem Jahr die Blatt- und Blütendrogen verbraucht und durch neue Ernten ersetzt werden (siehe auch Seite 61 ff.).

Auch Würzkräuter sind wertvolle Heilpflanzen

Alle Würzkräuter gelten mehr oder weniger als wirkungsvolle Heilpflanzen. Weil sie überwiegend fast ganzjährig grün und frisch im Garten geerntet und direkt verzehrt werden, sind diätetischer Wert und Heilkräfte besonders hoch einzuschätzen. Ohne Würzkräuter lassen sich beispielsweise Rohkostgerichte nur schwerlich geschmackvoll zubereiten. So werden mit aromatischen Kräutern Nahrungsmittel zu gesundheitlich wertvollen Speisen und Delikatessen. Nicht nur Aussehen und Geschmack können wir mit Kräuterzutaten veredeln, mit ihren wertvollen Inhaltsstoffen wirken sie appetitanregend sowie verdauungsfördernd und tragen somit wesentlich zu unserem Wohlbefinden und Leistungsvermögen bei.

Würzkräuter sind in der modernen Ernährungslehre und Volksheilkunde unverzichtbar geworden.

Das umfangreiche Spezialgebiet der Würzpflanzen habe ich in meinem Buch »Küchenkräuter« (Franckh-Kosmos Verlags-GmbH) beschrieben. Küchenkräuter werden deshalb in der nachfolgenden Darstellung nicht behandelt.

Heilkräuter von A bis Z

Nachfolgend werden Hinweise zur Naturheilkunde gegeben. Nur auf die beschriebenen Arten trifft die angegebene Verwendung zu, ihr Gebrauch setzt daher ihre sichere Kenntnis voraus.
Heilpflanzentees sollten immer nur beschränkte Zeit und nicht länger als nötig eingenommen werden, auch Hausteemischungen sollte man öfter wechseln. Behandelt werden dürfen nur leichtere Gesundheitsstörungen, die keiner ärztlichen Behandlung bedürfen. Den Arztbesuch kann dieses Buch auf keinen Fall ersetzen.

Alant, Echter
Inula helenium
Allgemeines: Korbblütler; bis 2,00 m; mehrjährig.
Merkmale: Bis 0,50 m lange, weich behaarte Blätter; mit starkem, tiefreichendem Wurzelstock; Juli bis September leuchtendgelbe Korbblüten wie kleine Sonnenblumen.
Vorkommen: SO-Europa, SW-Asien.
Kultur: Sonniger Stand; nährstoffreicher Boden, am besten Lehmböden.
Verwendung: Teile des Wurzelstockes größerer Pflanzen zur Teebereitung.
Naturheilkunde: Schleimlösend bei Bronchitis und Husten, regt Verdauung

und Nierentätigkeit an, in größeren Gaben giftig, außerdem besteht ein gewisses Allergierisiko.

Ananasminze siehe Minze-Arten

Andorn, Weißer
Marrubium vulgare
Allgemeines: Lippenblütler; bis 0,60 m; mehrjährig.
Merkmale: Pflanze mit schwach aromatischem Geruch, graufilzigen, eiförmigen, gegenständigen Blättern und kleinen, weißen Lippenblüten in den Blattachseln.
Vorkommen: Europa.
Kultur: Einzelpflanzen im Kräutergarten; ohne besondere Ansprüche.
Verwendung: Ernte blühender Sproßspitzen für Teebereitungen.
Naturheilkunde: Gegen Husten, Galle- und Leberleiden, Magenbeschwerden.

Apfelminze siehe Minze-Arten

Arnika, Berg-
Arnica montana
Allgemeines: Korbblütler; bis 0,60 m; geschützte Pflanze; mehrjährig.
Merkmale: Rosetten mit drüsig-flaumig behaarten Blütenstengeln und an diesen gegenständige, kleine Blättchen; endständige, orangegelbe Korbblüten ab Juni.

Vorkommen: Europa.
Kultur: Sonnige Lagen; nicht zu feuchte, kalkarme Standorte.
Verwendung: Getrocknete Blüten (Juli-Ernte), Wurzelstöcke (ab September ernten).
Naturheilkunde: Entzündungshemmend und wundheilend. Nur zur äußerlichen Anwendung bei Verstauchungen, Prellungen, Blutergüssen und zur Förderung der Wundheilung (Überempfindlichkeitsreaktionen sind möglich).

Arznei-Rhabarber siehe **Rhabarber, Arznei-**

Baldrian, Großer; Arznei-Baldrian
Valeriana officinalis
Allgemeines: Baldriangewächse; 0,50 bis 1,50 m; mehrjährig.
Merkmale: Unpaarig gefiederte, gegenständige Blätter; doldenartige Blütenstände, weiß bis rosa blühend im Mai bis August; Wurzeln mit typischem Geruch.
Vorkommen: Europa, Gebüsch, Gräben, Waldränder.
Kultur: Sonnige Standorte; humose nährstoffreiche Böden.
Verwendung: Wurzeln für Tee.
Naturheilkunde: Nervenberuhigend, schlaffördernd, auch bei nervös bedingten Magen-Darm- und Herzbeschwerden, wenn keine anderen Ursachen vorliegen.

Beinwell, Gemeiner
Symphytum officinale
Allgemeines: Rauhblattgewächse; bis 1,50 m; mehrjährig.
Merkmale: Starkwachsende Staude mit großen, länglichen, eiförmigen Blättern; mit malvenfarbigen oder weißlichen Glockenblüten ab Mai bis August.
Vorkommen: Europa, Bachufer, feuchte Wiesen.
Kultur: Ohne Probleme; möglichst in vollsonnigen feuchten Lagen; meist genügt eine Pflanze im Kräutergarten.
Verwendung: Wurzeln.
Naturheilkunde: Äußerlich zu Umschlägen bei Quetschungen, Verstauchungen, Blutergüssen, Rheuma. Von innerlicher Anwendung wird abgeraten.

Seite 35:
Die Echte Engelwurz (*Angelica archangelica*) liebt nährstoffreiche Böden und sonnige Standorte, kommt allerdings noch mit halbschattigen Lagen zurecht (siehe Seite 40).

Seite 36:
Echter Lavendel (*Lavandula angustifolia*; siehe Seite 44).

Seite 37:
Berg-Arnika (*Arnica montana*) ist eine geschützte Heilpflanze mit dekorativen Blüten. Eine Selbstmedikation kann wegen möglicher Überempfindlichkeitsreaktionen und anderer Nebenwirkungen aber nur eingeschränkt empfohlen werden (siehe Seite 33).

Bockshornklee
Trigonella foenum-graecum
Allgemeines: Schmetterlingsblütler, 0,10–0,25 m; einjährig.
Merkmale: Zarte, stark beblätterte Stengel; weißliche Blüten; Hülsen mit spitzem Schnabel; starker Geruch.
Vorkommen: Mittelmeerraum, selten in Mitteleuropa verwildert.
Kultur: Sonnige Standorte; Aussaat.
Verwendung: Samen für Tee, Breiumschläge.
Naturheilkunde: Husten, kräftigend; Breiumschläge bei Nagelbettentzündungen.

Dost, Echter; Origano
Origanum vulgare
Allgemeines: Lippenblütler; 0,30–0,50 m; mehrjährig.
Merkmale: Rötliche, vierkantige Stengel mit zum Teil fein behaarten, unterseits drüsig punktierten, eiförmigen Blättchen; rosa oder weiße Blüten von Juli bis September; sehr würziges, etwas pfefferartiges Aroma; attraktive Steingartenpflanze.
Vorkommen: Europa, besonders an wärmeren Standorten häufig.

Oben links: Die Eberraute (*Artemisia abrotanum*), ein nach Zitronen duftendes Kraut, blüht bei uns nur in klimatisch warmen Gebieten (siehe Seite 39).
Oben rechts: Zitronenmelisse (*Melissa officinalis*) ist eine geschätzte Teepflanze (siehe Seite 51).
Unten: Garten-Ringelblume (*Calendula officinalis*), eine dankbare Zierpflanze mit Blüten für die Teezubereitung (siehe Seite 47).

Kultur: Warme, trockene Lagen, sonst anspruchslos; im Frühjahr bis zum Boden zurückschneiden; Vermehrung ist durch Teilen und Wurzelausläufer möglich.
Verwendung: Blätter und junge Triebe zum Würzen von Tomaten, Fleisch, Käse, Suppen, Gemüse und Pizza, zum Trocknen geeignet; beste Würzkraft zur Blütezeit.
Naturheilkunde: Magenstärkend, appetitanregend, verdauungsfördernd, krampflösend bei Husten.

Eberraute
Artemisia abrotanum
Allgemeines: Korbblütler; bis 1,00 m; mehrjährig.
Merkmale: Graugrüne, fein gefiederte Blättchen, nach Zitrone duftend; aromatisch mit bitterem Nachgeschmack.
Vorkommen: Vorderasien.
Kultur: Liebt kalkhaltige, humose Böden und trockene, warme Standorte; Vermehrung durch Teilung und Stecklinge; Winterschutz!
Verwendung: Frische Triebspitzen in kleinen Mengen zu Salaten, Soßen und Braten; Schnittgrün für Sträuße.
Naturheilkunde: Magenstärkend, verdauungsfördernd.

Echte Engelwurz siehe **Engelwurz, Echte**

Echte Kamille siehe **Kamille, Echte**

Echte Katzenminze siehe **Katzenminze, Echte**

Echte Schlüsselblume siehe **Schlüsselblume, Echte**

Echter Alant siehe **Alant, Echter**

Echter Dost siehe **Dost, Echter**

Echter Eibisch siehe **Eibisch, Echter**

Echter Lein siehe **Lein, Echter**

Echter Salbei siehe **Salbei, Echter**

Echter Thymian siehe **Thymian, Echter**

Echtes Herzgespann siehe **Herzgespann, Echtes**

Echtes Tausendgüldenkraut siehe **Tausendgüldenkraut, Echtes**

Eibisch, Echter
Althaea officinalis
Allgemeines: Malvengewächse; 0,60–1,30 m; geschützte Pflanze; mehrjährig.
Merkmale: Untere Blätter handförmig gelappt, obere eiförmig zugespitzt, gesägt; Blüten weiß oder blaßrosa von Juli bis September.
Vorkommen: Europa, Asien, vor allem salzhaltige Standorte.
Kultur: Feuchte Böden und warme Lagen bevorzugt; anspruchslos.
Verwendung: Blätter (Mai bis Juli); Wurzel (Oktober bis April); beides für Tee.
Naturheilkunde: Erkrankungen der Atmungsorgane, Husten, Heiserkeit, Magen- und Darm-Katarrh.

Eisenkraut
Verbena officinalis
Allgemeines: Eisenkrautgewächse; 0,30–1,00 m; mehrjährig.
Merkmale: Aufrechtstehend, blüht in blaßvioletten Ähren mit langen, dünnen Zweigen.
Vorkommen: Mitteleuropa, Wegränder.
Kultur: Sonnige Standorte, sonst anspruchslos; Aussaat.
Verwendung: Blühende Pflanzen für Tee.
Naturheilkunde: Früher bei den unterschiedlichsten Beschwerden sehr geschätzt, stoffwechselanregend, harntreibend, bei Heiserkeit gurgeln.

Engelwurz, Echte
Angelica archangelica
Allgemeines: Doldenblütler; bis 2,50 m; zweijährig.
Merkmale: Hohle, kräftige Stengel mit hellgrünen, mehrfach gefiederten Blättern und aufgeblasenen Blattscheiden; grünlichweiße Blüten im Juli/August, duften nach Honig; Pflanze riecht kräftig würzig; stirbt nach der Blüte ab.
Vorkommen: Mittel- und Nordeuropa, Asien.
Kultur: Braucht nahrhafte Böden; feuchte, auch halbschattige Lagen; genügend Standraum.
Verwendung: Frische Blätter und Blattstiele zum Würzen von Soßen, Suppen und Salaten; Wurzeln zu Kräuterwein, Wurzelernte im Spätherbst.
Naturheilkunde: Appetitanregend, verdauungsfördernd, krampflösend, nervenberuhigend, in der Rekonvaleszenz.

Enzian, Gelber
Gentiana lutea
Allgemeines: Enziangewächse; 0,50 – 1,50 m; geschützte Pflanze; mehrjährig.
Merkmale: Fleischiger, dicker Wurzelstock; aufrechte, hohle Stengel; große, gegenständige, stark bogennervige Blätter; gelbe Blüten sitzen trugdoldig in den Blattachseln; Blüte Juni bis August.
Vorkommen: Mittel- und Südeuropa.
Kultur: Tiefgründiger Boden, nicht über pH 6,5; genügend Standraum (über 0,40 m); etwa fünfjährig bis zur Wurzelernte (Kulturzeit vier bis sieben Jahre); Aussaat, Frostkeimer.
Verwendung: Getrocknete unterirdische Organe (Wurzeln und Rhizome), Tee, Kräutergeist (Enziangeist).
Naturheilkunde: Appetitlosigkeit, Magenbeschwerden, kräftigend.

Fenchel, Garten-
Foeniculum vulgare
Allgemeines: Doldenblütler; 0,80 – 2,00 m; mehrjährig.
Merkmale: Lange, rübenförmige Wurzeln; gerillte, markige Stengel; Blätter fein gefiedert; gelbe, kleine Blüten in Dolden von Juli bis Oktober; süßlich würziger, typischer Fenchelduft.
Vorkommen: Mittelmeerküsten.
Kultur: Warme vollsonnige Standorte; nährstoffreiche kalkhaltige Böden; Aussaat; Winterschutz!
Verwendung: Samen für Tee und Backwerk; frisches Grün zum Würzen.
Naturheilkunde: Auswurffördernd und schleimlösend bei Husten, krampf-lösend, lindert Blähungen, empfohlen bei Bauchweh-Beschwerden der Kinder.

Fieberklee
Menyanthes trifoliata
Allgemeines: Fieberkleegewächse; 0,10 – 0,30 m; mehrjährig.
Merkmale: Kriechender Wuchs; Wurzelstock oft unter Wasser; rote Knospen; weiße, gefranste Blüten.
Vorkommen: Europa, Asien, Nordamerika, in Mooren und Sümpfen.
Kultur: In sumpfigem Gelände oder Teich, Vermehrung durch Rhizome.
Verwendung: Blätter; getrocknet für Tee, frisch für Essenzen.
Naturheilkunde: Verdauungsfördernd, appetitanregend, bei Galle- und Leberleiden, früher bei Fieber.

Gemeiner Beinwell siehe **Beinwell, Gemeiner**

Gelber Enzian siehe **Enzian, Gelber**

Gewöhnliche Schafgarbe siehe **Schafgarbe, Gewöhnliche**

Goldmelisse, Indianernessel
Monarda didyma
Allgemeines: Lippenblütler; 0,80 – 1,50 m; mehrjährig.
Merkmale: Kantige Stengel und spitzeiförmige, gezähnte, duftende Blätter; rote Blüten in Quirlen von Juni bis Oktober.
Vorkommen: Nordamerika.
Kultur: Anspruchslos; sonnige Lagen;

Vermehrung durch Teilen und Stecklinge.
Verwendung: Blüten, blühendes Kraut und Blätter für Tee, Kaltgetränke.
Naturheilkunde: Verdauungsstörungen, Husten.

Großblütige Königskerze siehe **Königskerze, Großblütige**

Großer Baldrian siehe **Baldrian, Großer**

Heiligenkraut
Santolina chamaecyparissus
Allgemeines: Korbblütler; 0,20 – 0,50 m; mehrjährig.
Merkmale: Graufilzige, fiedrige Blättchen, würzig riechend; am niederliegenden Stengel aufgerichtete Zweiglein mit goldgelben Blütenkörbchen im Juni bis August.
Vorkommen: Südeuropa.
Kultur: Trockene, sonnige Lage; anspruchslos.
Verwendung: Blühende Sproßteile und Blätter vor der Blüte.
Naturheilkunde: Früher als wurmtreibendes Mittel verwendet, heute aber nicht mehr gebräuchlich; als Mottenmittel einsetzbar.

Herzgespann, Echtes
Leonurus cardiaca
Allgemeines: Lippenblütler; 0,50 – 1,50 m; mehrjährig.
Merkmale: Vierkantige Stengel; gezähnt gelappte Blätter; Blüten rosa bis rot von Juni bis September.

Vorkommen: Europa, Asien.
Kultur: Einzelpflanzen im Kräutergarten; nährstoffreicher Boden; sonniger und weiter Stand (0,40 – 0,50 m); Aussaat im Frühjahr.
Verwendung: Blühende Sproßspitzen für Tee.
Naturheilkunde: Beruhigend bei nervösem Herzklopfen; Blähungen, Verdauungsstörungen.

Holunder, Schwarzer
Sambucus nigra
Allgemeines: Geißblattgewächse; bis über 7,00 m; mehrjährig.
Merkmale: Zweigholz mit weißem, weichem Mark; Blüten weiß in Scheindolden; Beeren schwarz-violett.
Kultur: Pflanzung als ein- oder zweijährige Sträucher; sonniger Stand erwünscht; anspruchslos.
Vorkommen: Europa.
Verwendung: Blüten, Früchte.
Naturheilkunde: Schweißtreibend bei Erkältungskrankheiten, harntreibend, keine grünen oder rohen Früchte verwenden.

Indianernessel siehe **Goldmelisse**

Johanniskraut, Tüpfel-
Hypericum perforatum
Allgemeines: Johanniskrautgewächse; 0,50 – 1,00 m; mehrjährig.
Merkmale: Gegenständige Blätter, länglich, ganzrandig, durchscheinend punktiert; Blüten goldgelb von Juni bis September in Trugdolden; beim Zerdrücken der Blüten roter Saft.

Vorkommen: Europa.
Kultur: Anspruchslose Pflanze; trockene Böden.
Verwendung: Blätter, blühende Sproßspitzen zu Tee, Blüten zu Kräuteröl.
Naturheilkunde: Tee bei nervöser Unruhe, Schlaflosigkeit; Öl bei kleinen Wunden, Verstauchungen, bei Nerven- und Rheumaschmerzen.

Kamille, Echte
Chamomilla recutita
Allgemeines: Korbblütler; bis 0,50 m; einjährig.
Merkmale: Bekannteste einheimische Heilpflanze mit typischem Geruch; erkennbar an hohem Blütenboden und zartfiedrigen Blättern.
Vorkommen: Europa.
Kultur: Bescheidene Ansprüche, sonnige Standorte bevorzugt; Aussaat in Reihen, auch zwischen Gemüsekulturen.
Verwendung: Blüten für Heiltee, Bäder, zum Gurgeln, Hausteemischungen.
Naturheilkunde: Magen- und Darmerkrankungen, Mund- und Rachenentzündungen (gurgeln), Hausmittel bei Zahnschmerzen, Bronchitis (inhalieren).

Katzenminze, Echte
Nepeta cataria
Allgemeines: Lippenblütler; 0,50 – 1,00 m; mehrjährig.
Merkmale: Behaarte Stengel mit graugrünen, herzförmigen Blättern; Blüten weiß-rosa, rötlich gesprenkelt, von Juni bis September; Pflanzen riechen stark minzeartig.
Vorkommen: Europa, Asien.

Kultur: Anspruchslos; auch für Ziergärten geeignet.
Verwendung: Blühende Sproßspitzen für Tee.
Naturheilkunde: Nur noch selten bei Husten und Durchfall.

Knoblauch
Allium sativum
Allgemeines: Liliengewächse; 0,20 – 0,70 m; in Kultur einjährig.
Merkmale: Um eine Hauptzwiebel sind Nebenzwiebeln, sog. Zehen, angeordnet; schmale, überhängende Blätter; doldenartige weiße bis rötliche Blütenstände; die ganze Pflanze riecht charakteristisch nach Knoblauch.
Vorkommen: Zentralasien, in Europa nur kultiviert.
Kultur: Vermehrung durch Zehen, seltener Brutknöllchen im Frühjahr oder Herbst; humusreicher Boden ist vorteilhaft; vollsonnige Standorte.
Verwendung: Knoblauchgrün wie Schnittlauch; Zehen vielseitig auch für Heilmittel.
Naturheilkunde: Gärungswidrig, antibakteriell, verdauungsfördernd, galletreibend, blutdrucksenkend, vorbeugend gegen Alterserscheinungen, bei Bronchitis.

Königskerze, Großblütige
Verbascum thapsiforme
Allgemeines: Rachenblütler; 0,80 – 2,00 m; zweijährig.
Merkmale: Aufrechter Wuchs; Blätter beidseitig wollig-filzig; Blüten hellgelb (Juli); ährenartige Blütenstände.

Vorkommen: Mitteleuropa, auf Ödland, Schotter.

Kultur: Aussaat im zeitigen Frühjahr (April) am sonnigen, windgeschützten Platz, später auf 0,50 m vereinzeln; sonst anspruchslos; vermehrt sich selbst im Garten weiter.

Verwendung: Blüten für Tee.

Naturheilkunde: Wirkt reizlindernd und auswurffördernd bei Husten.

Kornblume

Centaurea cyanus

Allgemeines: Korbblütler, 0,30–0,80 m; einjährig.

Merkmale: Steife Stengel, graufilzig, Blüten meist leuchtend blau.

Vorkommen: Fast weltweit.

Kultur: Kalkarme Böden; verwildert im Garten; anspruchslos; Aussaat.

Verwendung: Blüten für Teegemische.

Naturheilkunde: Bei Verdauungsstörungen, appetitanregend, harntreibend.

Koriander

Coriandrum sativum

Allgemeines: Doldenblütler; bis 0,70 m; einjährig.

Merkmale: Samengewürz; Blätter fein gefiedert; unangenehm riechend (Wanzenkraut); Blüte weißrosa im Juni/Juli.

Vorkommen: Mittelmeerländer.

Kultur: Warme, durchlässige Böden, ausreichend mit Kalk versorgt; Aussaat im zeitigen Frühjahr.

Verwendung: Samen; ernten vor der Vollreife, frühmorgens, wenn noch taufrisch; Lebkuchen-, Einmachgewürz;

junges Kraut in Rußland als Gemüse empfohlen.

Naturheilkunde: Appetitanregend, verdauungsfördernd, krampflösend, lindernd bei Magen- und Darmleiden.

Krause Minze siehe **Minze-Arten**

Lavendel, Echter

Lavandula angustifolia

Allgemeines: Lippenblütler; 0,30–0,60 m; mehrjährig.

Merkmale: Halbstrauch mit schmalen, länglichen Blättern, silber-grau-grün; ab Juli an langen Stielen blaue, duftende Blüten in Quirlen.

Vorkommen: Südeuropa.

Kultur: Trockene, kalkhaltige Böden; sonnige Standorte.

Verwendung: Junge Blattspitzen zum Würzen von Soßen, Eintopf und Fisch (mitkochen!); Blüten in Sträußen getrocknet für Duftzwecke, Tee, Kräutergeist und als Badezusatz.

Naturheilkunde: Nervenberuhigend, schlaffördernd, auch blähungstreibend, den Gallenfluß anregend. Lavendelgeist zum Einreiben bei Rheuma.

Lein, Echter

Linum usitatissimum

Allgemeines: Leingewächse; bis 1,00 m; einjährig.

Merkmale: Aufrechtwachsend mit hohen, dünnen Stengeln; prächtig blaublühend im Juli/August; kugelförmige, erbsengroße Samenkapseln.

Vorkommen: Nur aus Kulturen verwildert.

Kultur: Vollsonniger Stand; pH-Wert über 6,0; sonst anspruchslos; frühe Aussaat, reihenweise.
Verwendung: Samen.
Naturheilkunde: Bei Darmträgheit (im-

Kräuter-Kastenwand für Balkon und Terrasse.
1 Zitronenmelisse, 2 Ringelblume, 3 Pfefferminze, 4 Fenchel, 5 Johanniskraut, 6 Thymian, 7 Echte Kamille, 8 Ysop, 9 Salbei, 10 Knoblauch, 11 Rosmarin, 12 Lavendel

mer mit reichlich Flüssigkeit verwenden), Magenleiden; zu Breiumschlägen bei Hautkrankheiten und Rheuma.

Liebstöckel
Levisticum officinale
Allgemeines: Doldenblütler; bis 1,50 m; mehrjährig.
Merkmale: Verzweigte Wurzelstöcke treiben hohle Stengel mit Fiederblättern, die stark nach »Maggiwürze« schmecken.

Vorkommen: Iran, in Europa verwildert.
Kultur: Feuchte Böden; auch halbschattige Lagen; genügend Standraum; Vermehrung durch Teilen, auch Aussaat.
Verwendung: Zarte Blätter zum Würzen für Suppen, Eintopf, Soßen und Fleischspeisen (mitkochen!); aromatischer sind die Wurzeln.
Naturheilkunde: Verdauungsbeschwerden, Blasenleiden, Vorsicht, nierenreizend, nicht bei Schwangerschaft oder Nierenerkrankungen anwenden!

Löwenzahn
Taraxacum officinale
Allgemeines: Korbblütler; bis 0,30 m; mehrjährig.
Merkmale: Pfahlwurzel; Blätter in grundständiger Rosette; Blütenköpfe gelb (März bis Oktober).
Vorkommen: Weltweit, häufig.
Kultur: Unproblematisch; Aussaat.
Verwendung: Wurzel und Kraut vor der Blüte für Teezubereitung, Wurzel geröstet als Kaffee-Ersatz; junge Blätter im Frühjahr für Salat.
Naturheilkunde: Magenwirksam, blutreinigend, harntreibend, fördert die Gallensekretion; Tee auch bei Rheuma und Gicht.

Malve, Wilde
Malva sylvestris
Allgemeines: Malvengewächse; 0,30 – 1,00 m; einjährig bis mehrjährig.
Merkmale: Langgestielte, drei- bis siebenlappige Blätter; rosa bis violette Blüten von Mai bis September.
Vorkommen: Fast weltweit.

Kultur: Anspruchslos; wie Eibisch.
Verwendung: Blüten und Blätter getrocknet für Tee.
Naturheilkunde: Reizlindernd, entzündungshemmend, bei Magen-Darm-Beschwerden, Husten, auch Gurgelmittel.

Mariendistel
Silybum marianum
Allgemeines: Korbblütler; 1,00 – 2,50 m; einjährig bis zweijährig.
Merkmale: Kräftiger, aufrechter Stengel; grüne Blätter mit weißer Zeichnung und dornig gelapptem Rand; Blüten in purpurvioletten Körbchen von Juni bis August.
Vorkommen: Mittelmeergebiet.
Kultur: Nährstoffreiche Böden; genügend Standraum; Aussaat.
Verwendung: Samen, zerstoßen für Tee.
Naturheilkunde: Verdauungsbeschwerden, Leber- und Gallenerkrankungen; Wirkstoffe in Industriepräparaten als Leberschutzmittel.

Minze-Arten
Mentha-Arten
Allgemeines: Lippenblütler; 0,40 – 0,80 m; mehrjährig. Am bekanntesten sind Pfefferminze (*Mentha × piperita*), Apfelminze (*Mentha rotundifolia*), Zitronenminze (*Mentha citrata*), Ananasminze (*Mentha rotundifolia* 'Bowles') und Krause Minze (*Mentha crispa*).
Merkmale: Stark blattduftende und wüchsige Kräuter, die viele Ausläufer bilden.
Vorkommen: Europa, Kulturformen teilweise in Gärten verwildert.

Kultur: Feuchte, humusreiche Böden; in sonnigen Lagen höhere Gehalte an ätherischen Ölen; Vermehrung durch Ausläufer (Stolonen) gelingt in der Regel leicht.

Verwendung: Frisches Kraut in kleinen Mengen zu Soßen, Suppen, Rohkost, Quark, Eiern, Gelee, Drinks, Kräuteressig, -wein, und -geist; getrocknet für Arznei- und Haustee.

Naturheilkunde: Magen- und Darmerkrankungen, Blähungen und Krämpfe, unterstützend für Galle- und Leberfunktionen. Pfefferminzöl zum Einreiben gegen Gliederschmerzen.

Nachtkerze
Oenothera biennis
Allgemeines: Nachtkerzengewächse; 0,60–1,00 m; zweijährig.
Merkmale: Bildet im ersten Jahr Blattrosette, im zweiten Jahr Schaft mit wechselständigen Blättern und gelben Blüten ab Juli; süßduftend.
Vorkommen: Nordamerika, bei uns verwildert auf Brachland, Eisenbahndämmen.
Kultur: Unproblematisch; Aussaat, selbstvermehrend.
Verwendung: Wurzeln vor der Blüte für Wildgemüseernte; Samen zur Heilölgewinnung.
Naturheilkunde: Blutreinigend, Samenöl in Industriepräparaten gegen Neurodermitis.

Origano siehe **Dost, Echter**

Pfefferminze siehe **Minze-Arten**

Rhabarber, Arznei-
Rheum palmatum
Allgemeines: Knöterichgewächse; 2,00–3,00 m; mehrjährig.
Merkmale: Große, gelappte, langgestielte Blätter, allgemein bekannt.
Vorkommen: Mongolei.
Kultur: Nahrhafte Böden; ausreichend sonniger Standraum; dekorative Einzelpflanze.
Verwendung: Unterirdische (geschälte) Organe für Tee.
Naturheilkunde: In kleinen Gaben appetitanregend und stopfend, in höheren Gaben abführend. Vorsicht bei Selbstmedikation! Nicht während Schwangerschaft und Stillzeit.

Ringelblume, Garten-
Calendula officinalis
Allgemeines: Korbblütler; bis 0,60 m; einjährig.
Merkmale: Orangefarbene oder gelbe Strahlenblüten, riechen streng würzig.
Vorkommen: Heimat unbekannt; alte Heil- und Zierpflanze.
Kultur: Anspruchslos; Aussaat an Ort und Stelle, vermehrt sich selbst.
Verwendung: Blüten.
Naturheilkunde: Tee zum Gurgeln bei Halsschmerzen, von alters her bei Gallenblasenleiden. Äußere Anwendung als Salbe zur Wundheilung, bei Sonnenbrand.

Rosmarin
Rosmarinus officinalis
Allgemeines: Lippenblütler; 0,40–0,70 m; mehrjährig.

Merkmale: Vierkantige Triebe mit immergrünen ledrigen Blättern, stark würziger Duft; Mai bis Juli blaue bis violette Blüten.

Vorkommen: Mittelmeergebiet.

Kultur: Wärme- und winterschutzbedürftig; sonniger Standort; durchlässige, humose Böden; Vermehrung durch Stecklinge und Aussaat; auch als Kübelpflanze geeignet.

Verwendung: Triebspitzen und Blätter zu Fleisch-, Grill-, Kartoffel- und Gemüsegerichten; bei der Zubereitung von Anfang an dazugeben; auch für Kräuterwein, -geist und -tee.

Naturheilkunde: Tee wirkt bei Appetitlosigkeit und Verdauungsstörungen; beliebt als Badezusatz bei Rheuma und Kreislaufbeschwerden. Nicht während der Schwangerschaft einnehmen!

Salbei, Echter
Salvia officinalis

Allgemeines: Lippenblütler; 0,40 – 0,70 m; mehrjährig.

Merkmale: Vierkantige Stengel und graugrüne, filzige, längliche Blätter; leicht bitter schmeckend.

Vorkommen: Mittelmeergebiet.

Kultur: Liebt sonnige Standorte; durchlässige humose Böden; Vermehrung durch Teilen, seltener durch Samen; Winterschutz in rauhen Lagen nötig.

Verwendung: Junge, zarte Blätter, auch getrocknet, zum Würzen von Fisch-, Fleisch- und Gemüsegerichten, Suppen, Quark und Tomatensalat.

Naturheilkunde: Zum Gurgeln bei Mund- und Rachenentzündungen, bei Magen- und Darmbeschwerden, gegen übermäßige Schweißsekretion. Nicht über längere Zeit in zu hoher Dosis einsetzen!

Sanddorn
Hippophaë rhamnoides

Allgemeines: Ölweidengewächse; 2,00 – 6,00 m; mehrjährig.

Merkmale: Bekannter dorniger Baum bzw. Strauch; zweihäusig, also mehrere Exemplare anpflanzen.

Vorkommen: Europa, Asien.

Kultur: Pflanzung als ein- oder zweijährige Sträucher; sonniger Stand, sonst anspruchslos.

Verwendung: Gelbe bis orangerote Scheinbeeren, geerntet ab September.

Naturheilkunde: Wertvoll durch reichlich Vitamin C; appetitanregend; kräftigend.

Schafgarbe, Gewöhnliche
Achillea millefolium

Allgemeines: Korbblütler, 0,50 – 0,80 m; mehrjährig.

Merkmale: Aufrechte, behaarte Stengel; Blätter doppelt gefiedert; Blüten weiß oder rötlich-weiß.

Vorkommen: Europa verbreitet, Wiesen, feuchte Böden.

Kultur: Anspruchslos an Boden, wenn genügend feucht; Aussaat.

Verwendung: Blühendes Kraut und Blüten für Heiltee.

Naturheilkunde: Als Tee entzündungshemmend, krampflösend, verdauungsfördernd, Hausmittel bei Darm-, Magen- und Gallestörungen, Menstruationsbe-

schwerden. Äußerlich als Wundheilmittel und bei Hauterkrankungen.

Schlüsselblume, Echte
Primula veris
Allgemeines: Primelgewächse, bis 0,25 m; geschützte Pflanze; mehrjährig.
Merkmale: Blätter eiförmig und leicht filzig; Blüten dottergelb von April bis Mai.
Vorkommen: Europa; an sonnigen Standorten auf Wiesen und in lichten Wäldern.
Kultur: Kalkfreie Böden bevorzugt; Aussaat und Jungpflanzenanzucht im April (Kaltkeimer), Samen werden nicht bedeckt.
Verwendung: Blüten mit Kelchen für Heiltees; Wurzelstock für Teemischungen.
Naturheilkunde: Schleimlösend, auswurffördernd, harntreibend. Teeaufguß bei Husten, Bronchitis, Erkältungen.

Schmalblättriges Weidenröschen siehe **Weidenröschen, Schmalblättriges**

Spitzwegerich
Plantago lanceolata
Allgemeines: Wegerichgewächse; bis 0,30 m; mehrjährig.
Merkmale: Grundständige Rosette; lange, am Grund verschmälerte Blätter; Blüten in kleinen, eiförmigen Ähren.
Vorkommen: Europa, Wiesen, Weiden, Wegränder, Ödplätze.
Kultur: Pflegeleichte Pflanzen; durch Aussaat mehrbar; druckempfindliches Erntegut.

Verwendung: Kraut für Tee und Breiumschläge; Preßsaft im Frühjahr bis Blüte.
Naturheilkunde: Reizmildernd, entzündungswidrig, wundheilend, gegen Husten und zum Gurgeln bei Halsentzündungen; Breiumschläge bei Insektenstichen und Quetschungen.

Tausendgüldenkraut, Echtes
Centaurium erythraea
Allgemeines: Enziangewächse; bis 0,40 m; geschützte Pflanze; zweijährig.
Merkmale: Zierliche Pflanze mit grundständiger Blattrosette; sitzende Blätter an dünnen, kantigen Stengeln; Blüten rosa in Scheindolden von Juli bis September.
Vorkommen: Europa, Asien, verbreitet, oft in Waldlichtungen und auch an Wegrändern.
Kultur: Aussaat, Vorkultur; Auspflanzen auf fruchtbaren Böden.
Verwendung: Das Kraut getrocknet für Tee.
Naturheilkunde: Appetitanregend und verdauungsfördernd, vermehrt Speichel, Magensaft und Gallensekretion; soll auch den Kreislauf günstig beeinflussen.

Thymian, Echter
Thymus vulgaris
Allgemeines: Lippenblütler; bis 0,30 m; mehrjährig.
Merkmale: Stark verästelter, niedriger Halbstrauch; schmale, feste wintergrüne Blättchen; stark duftend; rosa Blüten ab Mai.
Vorkommen: Südeuropa.

Kultur: Trockene, sonnige Standorte; Steingartenpflanze; Vermehrung gelingt durch Aussaat, Teilen und auch Stecklinge.

Verwendung: Junge Triebe zu Fleisch- und Gemüsegerichten, Pizza, Pilzen, Soßen (mitkochen), außerdem auch zu Quark.

Naturheilkunde: Auswurffördernd, krampflösend, verdauungsfördernd, Tee bei Husten und Keuchhusten, Magen-Darm-Beschwerden, Gurgelmittel bei Halsentzündungen.

Tüpfel-Johanniskraut siehe **Johanniskraut, Tüpfel-**

Waldmeister
Galium odoratum

Allgemeines: Rötegewächse; bis 0,70 m; mehrjährig.

Merkmale: Vierkantige Stengel mit dunkelgrünen, schmalen Blättchen in sternförmigem Quirl; beim Welken entsteht typischer Cumarinduft; Bodendecker.

Vorkommen: Europa, Asien.

Kultur: Lockere, feuchte Böden; schattige Standorte.

Verwendung: Ab 2. Jahr kurz vor Blüte Kraut abschneiden für Maibowlen, Fruchtsäfte, Tee.

Naturheilkunde: Gegen Nervosität und schlechten Schlaf, krampflösend, wundheilend. Waldmeister kann wegen möglicher leberschädigender Wirkungen nur sehr eingeschränkt und außerdem in sehr geringen Mengen empfohlen werden.

Weidenröschen, Schmalblättriges
Epilobium angustifolium

Allgemeines: Nachtkerzengewächse; 0,70 – 1,50 m; mehrjährig.

Merkmale: Wechselständige Blätter an steifen Stengeln; hellrosa Blüte; langgestreckte Fruchtkapseln.

Vorkommen: Mitteleuropa verbreitet.

Kultur: Anspruchslos; verbreitet sich selbst weiter.

Verwendung: Die Blätter getrocknet für Tee.

Naturheilkunde: Beschwerden bei gutartigen Prostataleiden.

Weinraute
Ruta graveolens

Allgemeines: Rautengewächse; 0,50 – 1,00 m; mehrjährig.

Merkmale: Gefiederte, blaugrüne Blätter; gelbe Blüten in Scheindolden ab Juni; typischer strenger Duft, besonders an warmen Tagen.

Vorkommen: Südeuropa.

Kultur: Bescheidene Ansprüche an Boden; sonnige Lage erwünscht; Vermehrung durch Aussaat möglich; Pflanze geeignet für streng geschnittene Kräuterhecken.

Verwendung: Junge Triebe und Blätter nur sparsam verwenden zu Fleisch, Soßen, Suppen (Aalsuppe) und Kräuterwein.

Naturheilkunde: Verdauungsfördernd, krampflösend, beruhigend, hilft gegen Mundgeruch. Ist als Tee wegen möglicher Nebenwirkungen nicht zu empfehlen. Auf keinen Fall während der Schwangerschaft.

Y bis Z

Weißer Andorn siehe **Andorn, Weißer**

Wermut
Artemisia absinthium
Allgemeines: Korbblütler, bis 1,50 m; mehrjährig.
Merkmale: Silbergrau behaarte, fiederteilige Blätter, riechen stark aromatisch und schmecken gallebitter; ab Juli lockere Rispen mit kleinen, gelben Blütenköpfchen.
Vorkommen: Mittelmeergebiet, Europa.
Kultur: Sonnige Standorte; anspruchslos an Boden; verträgt Trockenheit; Vermehrung durch Teilen; meist genügt eine Pflanze im Kräutergarten.
Verwendung: Frisches und getrocknetes Kraut in sehr kleinen Mengen zu Fleisch, Eintopf – mitkochen, Kräuterwein und -geist.
Naturheilkunde: Gegen Appetitlosigkeit, als Magen- und Gallentee; während der Schwangerschaft überhaupt nicht anwenden. Größere Mengen sind gesundheitsschädlich!

Wilde Malve siehe **Malve, Wilde**

Ysop
Hyssopus officinalis
Allgemeines: Lippenblütler; 0,40 – 0,60 m; mehrjährig.
Merkmale: Halbstrauch mit vierkantigen Stengeln und schmalen, lanzettlichen, dunkelgrünen Blättchen; ab Juli hübsche, blaue, rosa oder weiße Blüten.
Vorkommen: Mittelmeergebiet.
Kultur: Lockere, trockene Böden; viel Sonne; Vermehrung durch Aussaat, Teilen oder Stecklinge; zum Trocknen kurz vor der Blüte schneiden.
Verwendung: Junge Triebe und Blätter frisch zu Salaten, Soßen, Bohnengemüse, Kartoffel- und Fleischgerichten. Auch getrocknet zu Kräuterwein, -geist, -likör.
Naturheilkunde: Husten, Magen- und Darmerkrankungen; Tee wirkt verdauungsfördernd und schweißmindernd; bewährt als Gurgelmittel.

Zitronenmelisse
Melissa officinalis
Allgemeines: Lippenblütler; 0,50 – 1,00 m; mehrjährig.
Merkmale: Vierkantige, behaarte Stengel mit eiförmigen, am Rande gekerbtgesägten Blättern; ab Juli weiße bis bläuliche Blüten; beim Zerreiben der Blätter typischer Zitronengeruch.
Vorkommen: Östl. Mittelmeerraum.
Kultur: Warme, geschützte Standorte und humose, durchlässige Böden; Vermehrung: Aussaat, Teilen, Stecklinge.
Verwendung: Junge, frische Triebe für Salate, Quark, Fisch, Leber, Geflügel und Wild (nicht mitkochen!); Kraut auch zum Einfrieren und Trocknen; für Arznei- und Haustee; für Tee kurz vor der Blüte ernten.
Naturheilkunde: Tee und Melissengeist wirken beruhigend, schlaffördernd und krampflösend bei nervösen Kopfschmerzen und Magen-Darm-Beschwerden.

Zitronenminze siehe **Minze-Arten**

Kräuter bitten zum Tee

*»Ist Dir kalt, wärmt Dich der Tee,
Ist dir heiß, wird Tee Dich erfrischen,
Bist du niedergedrückt, Tee wird Dich
ermuntern,
Bist Du erregt, Tee wird Dich
beruhigen.«*

William Ewart Gladstone

Ungezwungen, immer ist Teezeit, passend zu allen Gelegenheiten, stets zum Wohlbefinden, angenehme Atmosphäre verbreitend und Zeichen kultivierter Lebensart – das ist Teekultur. »Make friends with tea« sagen die Engländer. All dies gilt ebenso für das vielfältige Angebot an Kräutertees, denn in der Bundesrepublik werden diese inzwischen nahezu in gleichem Umfange getrunken wie schwarzer Tee. Gewiß haben das wachsende Gesundheitsbewußtsein und neue Erkenntnisse der Ernährungslehre zu dieser Entwicklung wesentlich beigetragen; aber auch das zunehmende Interesse an Kräutern aus dem eigenen Garten, um nach Belieben schmackhafte Kräutertees und Teegetränke selbst herzustellen, haben diese erfreuliche Tatsache bewirkt.
Wer sich intensiver mit der Kräuteranwendung befaßt, wird sehr schnell feststellen, daß Kräutertees in vielen Variationen und Geschmacksnuancen zubereitet werden können. Eigentlich gibt es kein köstlicheres und bekömmlicheres

Getränk als würzigen, aromatischen Kräutertee zu den Mahlzeiten, zur Linderung von Alltagsbeschwerden oder als Durstlöscher an heißen Tagen.

Kräutertee und Teegetränke

Bei den Kräuterzubereitungen unterscheiden wir den medizinischen Kräutertee, also den Arzneitee, vom Haus- oder Familientee mit vielfältigen Möglichkeiten von Kräutermischungen.

Arzneitee oder medizinischer Kräutertee

Medizinischer Tee wird zur Behandlung bestimmter Krankheiten und für Kuren, in der Regel vom Arzt verordnet, angewandt. Der medizinische Kräutertee soll höchstenfalls aus vier verschiedenen Kräuterarten bestehen, zusammengesetzt aus der Grundheilpflanze und einer weiteren Art, die evtl. Heilwirkungen verstärken kann.
Ergänzend dazu können als Füllstoffe, zum Verbessern von Geschmack und Aussehen zwei weitere Kräuterkomponenten Verwendung finden. Bekannte medizinische Kräutertees sind z.B. Bronchialtee mit Thymian und Huflattich, Herzstärkungstee mit Weißdorn, Gallentee mit Wegwarte und Schafgarbe, Tee gegen Magenverstimmung mit

Wermut, bei Erkältung Schwarzer Holunder und Linde, zum Gurgeln Echter Salbei und Echte Kamille und zur Nervenberuhigung Baldrian und Melisse. Arzneitee sollten wir begründet in der Apotheke zusammenstellen lassen. Der Fachmann garantiert für die exakte vorgeschriebene Teezusammensetzung und qualitativ hochwertiges Teegut.

Haustee oder Familientee

Für uns bleibt das weite Feld der Kräuterzubereitung als Haustee zum bekömmlichen Genuß und zur Erhaltung der Gesundheit für die ganze Familie. Es handelt sich im allgemeinen um die bekannten milden Heilmittel Echte Kamille, Minze-Arten, Zitronenmelisse, Lindenblüten, Himbeer-, Brombeer- und Erdbeerblätter, Schwarze Johannisbeerblätter, Holunderblüten und Hagebutten, Salbei, Fenchel, Rosmarin, Lavendel, Ringelblume, Schafgarbe, Thymian und Weißdorn. Geerntet aus dem eigenen Kräutergarten können wir unseren wohlschmeckenden Haustee individuell zusammenstellen und, auf die besonderen Wünsche der Familie abgestimmt, zubereiten.

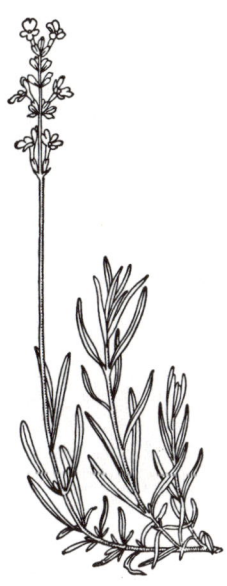

Echter Lavendel, *Lavandula angustifolia*

Hausteemischungen – eigene Kräuterkompositionen

Besonders beliebt als Haustee sind Kräutermischungen, zusammengestellt nach eigenem Geschmack, mit ganz persönlicher Note. Verwendet wird er als Morgentee, zu den verschiedenen Mahlzeiten tagsüber, warm oder gekühlt und als Schlummertrunk am Abend. Aus der breiten Palette der Teekräuter des Gartens, ergänzt durch Sammelkräuter, mischen wir den Familientee und berücksichtigen besondere Bedürfnisse, z.B. zum Vorbeugen vor Erkältungskrankheiten, zur Entspannung, zur besseren Verdauung und zur Unterstützung der Genesung nach Krankheiten. Es ist allerdings umständlich und erfordert einige Kenntnisse, jedesmal individuell zu mischen.

Aus Erfahrung wird empfohlen, mit ei-

Kräuter bitten zum Tee

nem Grundtee, etwa $\frac{1}{3}$ bis $\frac{1}{2}$ der Teemischung, zu beginnen. Dazu können wir Minze-Arten, wie z.B. Pfeffer- und Apfelminze, Echte Kamille, Fenchel, Thymian, Rosmarin, Zitronenmelisse, Echten Salbei oder Lindenblüten verwenden. Geschmackliche Ergänzungen und farbliche Verbesserungen erreichen wir durch weitere Zusätze, z.B. mit Schwarzen Johannisbeerblättern, Holunderblüten, Apfelschalen, Hagebutten, Malven, Ringelblumen und Schafgarbe.

Durch die Verschiedenheit der Wirkstoffe in den Kräutern (ätherische Öle, Bitter-, Gerb-, Schleimstoffe u.a.) kann durch die richtige Zusammenstellung der Mischungen die Wirksamkeit nicht nur addiert, sondern sogar unter Umständen um ein Vielfaches gesteigert werden. Sinnvoll und zweckmäßig ist es, mehrere Hausteemischungen küchenfertig herzustellen und verständlich zu kennzeichnen. Jetzt braucht man beim Zubereiten nur noch die richtige Dosis zu beachten, und allen Familienmitgliedern kann der Kräuterteeaufguß übertragen werden. Zudem wirkt häufiges Wechseln der Hausteemischungen Eintönigkeit und Überdruß, aber auch Gewöhnung entgegen.

Kalte erfrischende Teegetränke

An heißen Tagen sind kalte Teegetränke ganz vorzügliche Durstlöscher. Als geeignete Kräuter für solche Teegetränke werden z.B. Minze-Arten, Zitronenmelisse, Brombeerblätter, Fenchel, Hagebutten und Holunderblüten sowie unsere bewährten Hausteemischungen empfohlen. Die bekanntesten Zusätze für die Sommerteegetränke sind Zitrone und andere Fruchtsäfte, auch Mineralwasser.

Nach Aufguß und Abseihen können wir den Tee bereits mit etwas Zucker, Honig oder Süßstoff süßen, kalt stellen und vor dem Servieren mit Säften und kleinen Fruchtstücken oder dünnen Scheiben, z.B. von Ananas oder Orangen, sowie Eiswürfeln ergänzen. Mit etwas Geschick und Phantasie lassen sich außergewöhnlich köstliche Getränke für die durstige Gesellschaft herstellen. Probieren Sie einmal Eistee und Kräuterlimonade nach Ihren eigenen Rezepten.

Seite 55:
Oben links: Wilde Malve (*Malva sylvestris*), eine dankbare, anspruchslose Heilpflanze für den Kräutergarten (siehe Seite 46).
Oben rechts: Waldmeister (*Galium odoratum*) in Blüte (siehe Seite 50).
Unten: Echter Salbei (*Salvia officinalis*) ist eine vielseitig verwendbare Heilpflanze (siehe Seite 48).

Seite 56:
Echter Lein (*Linum usitatissimum*) mit kugeligen, erbsengroßen Samenkapseln blüht prächtig blau (siehe Seite 44).

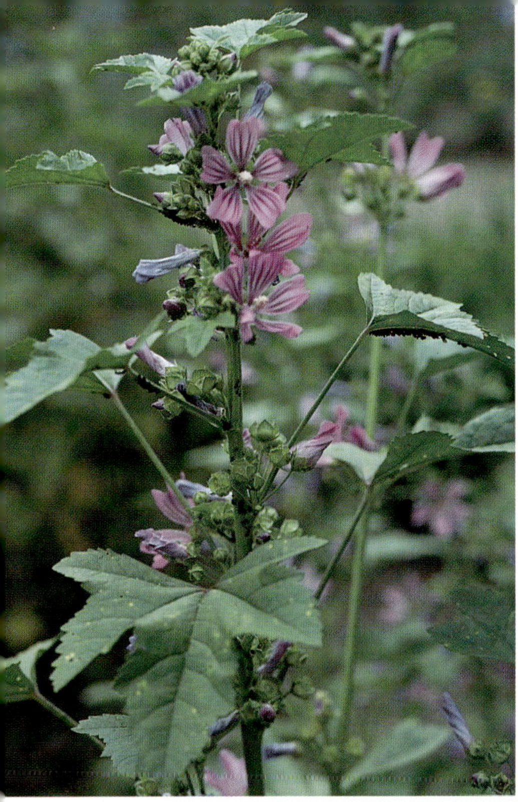
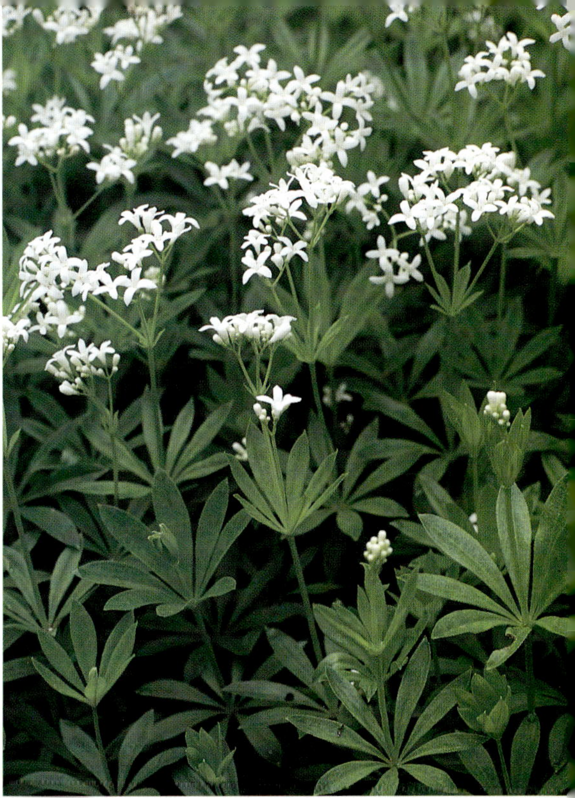
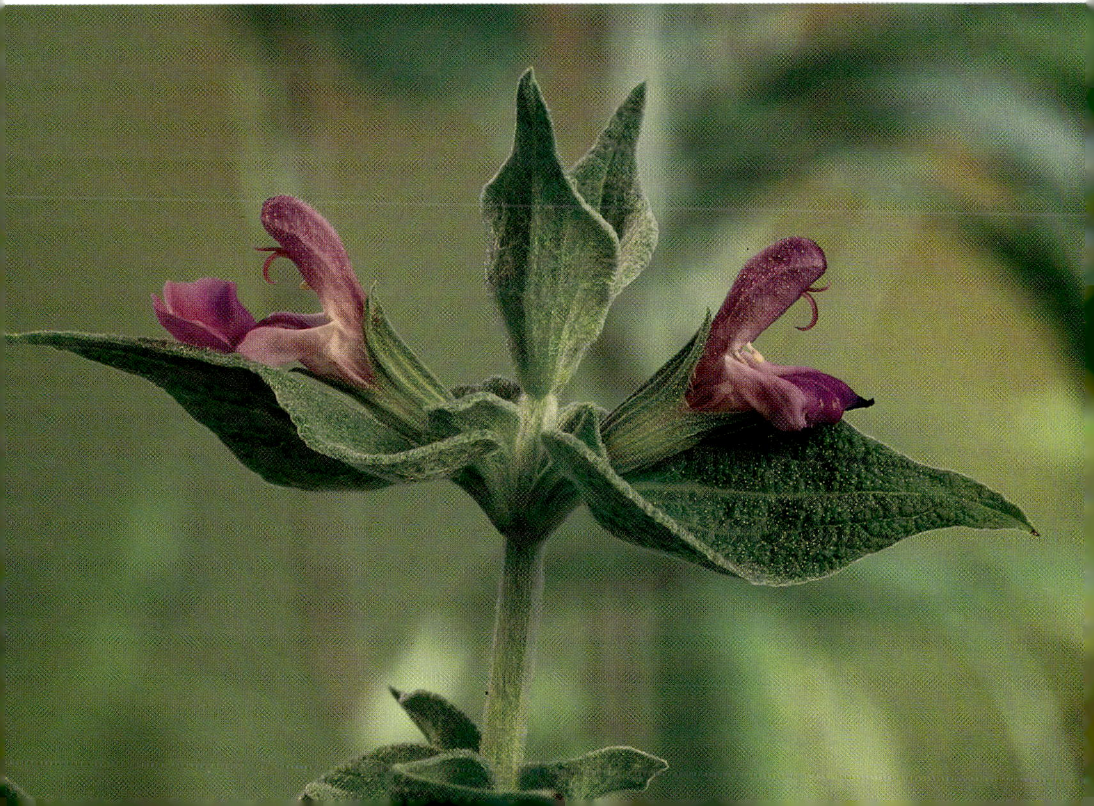

Schwarzer Tee aus Kräutern

Schwarzer Tee aus Kräutern

Die Bezeichnung Tee ist zu einem Sammelbegriff geworden, abgeleitet vom chinesischen Teestrauch, früher *Thea nigra,* der Schwarze Tee. Bereits 2.732 v. Chr. soll der chinesische Kaiser Sheng Nung die anregende Wirkung des Tees entdeckt haben. Schriftliche Hinweise über die chinesische Teebereitung gibt es seit 273 n. Chr., die Tee-Einfuhr in europäische Länder erfolgte erst ab dem 17. Jh. In der Folgezeit war die Verbreitung des schwarzen Tees als anregendes Genußmittel in Mitteleuropa beachtlich.

Schwarzer Tee, heute auch vielfach aromatisiert im Handel angeboten, mit einem Koffein-(Thein-)Gehalt von 2–4% ist zwar eine leichte Droge, sollte jedoch in den möglichen Auswirkungen nicht unterschätzt werden; Gewöhnung und Anfang für stärkeren Drogenmißbrauch – besonders bei jungen Menschen – sind nicht auszuschließen. Zu häufiger Genuß soll dem Körper Eisen entziehen. Vielfach wird aber auch echter schwarzer Tee von Kranken schlecht vertragen und bei verschiedenen Leiden, z. B. Schilddrüsenüberfunktion, sogar ärztlich untersagt. Trotzdem möchte man nicht gerne auf dieses aromatische Teegetränk verzichten. Deshalb wird ersatzweise selbst hergestellter schwarzer Tee aus Kräutern empfohlen. Für schwarzen Kräutertee eignen sich Kräuterarten mit Gerbstoffgehalten, z. B. Brombeer-, Erdbeer-, Himbeer- und Schwarze Johannisbeerblätter.

Dunkle Farbe und würziges Aroma werden durch Fermentieren erreicht. Probieren Sie es einmal aus und entwickeln Sie Ihr eigenes Herstellungsverfahren. Nach dem Sammeln läßt man die Blätter mindestens einen Tag lang anwelken. Dann werden sie vorteilhaft in einen Steinguttopf geschichtet, mit etwas Wasser befeuchtet, das Ganze mit einem Teller abgedeckt und einem Stein beschwert. Für den Fermentationsprozeß brauchen wir Wärme. Bei etwa 30 °C ist die Fermentation nach drei Tagen abgeschlossen. Die Blätter sind dann deutlich dunkler gefärbt und riechen würzig nach frischem Tee.

Schließlich folgt das übliche Trocknen. Auf das Rollen der Teeblätter können wir beim schwarzen Kräutertee verzichten. Geschmacklich kommen fermentierte Brombeerblättertees dem echten schwarzen Tee am nächsten. Aber warum sollen Sie nicht auch mit anderen gerbstoffhaltigen Kräutern experimentieren? Z. B. auch mit Zitronenmelisse, Pfefferminze oder anderen Kräuterteearten läßt sich ein köstlicher schwarzer Haustee nach eigenem Geschmack mischen.

Warum Kräuter als Tee trinken?

Warum bereiten wir überhaupt Tee aus Pflanzen? Nun, die Wirkstoffe in den Pflanzen lösen sich im allgemeinen vorzüglich in Wasser und werden – als Tee getrunken – rasch aufgenommen und

Kräuter bitten zum Tee

im Körper verteilt. Bekanntlich sind es im Kräutertee ätherische Öle (z. B. in Kamille und Minzen), Gerb-, Bitter-, Schleim- und Mineralstoffe, die vielfältig den Organismus beeinflussen. Tee und Teegetränke können auch einen Teil des täglichen Flüssigkeitsbedarfs des Menschen abdecken.

Die mittlere Wasseraufnahme und -ausscheidung eines Erwachsenen beträgt 1 bis 2,5 l pro Tag. Der gesunde Organismus reguliert den Flüssigkeitsbedarf über das Durstgefühl. Die Trinkmenge verteilt man am besten über den ganzen Tag. Kaffee und schwarzer Tee gelten nicht als geeignete Durstlöscher. Sie regen vielmehr die Leistung der Nieren an, es wird mehr Harn abgeschieden und weiteres Durstgefühl erzeugt. Dagegen sind Kräutertee und Teegetränke vortreffliche Durststiller.

Gekonnt Kräutertee zubereiten

Die Zubereitung von Kräutertees ist nicht schwierig, wenn man einige Grundregeln beachtet. Es gilt, die Inhaltsstoffe der Kräuter möglichst behutsam und umfassend mit Hilfe von Aufgüssen, Abkochungen oder Kaltwasserauszügen herauszulösen. Der Aufguß, das gebräuchlichste Verfahren, wird z. B. bei allen Kräuterarten mit ätherischen Ölen angewandt. Dazu gibt man die Kräutermenge in die vorgewärmte Teekanne aus Steingut, Porzellan oder Glas (kein Metall!), überbrüht

mit kochendem Wasser und läßt das Ganze bedeckt fünf bis zehn Minuten durchziehen. Abgeseiht ist dann der Tee fertig zum Servieren. Auch mit heißer Milch sind Kräuterauszüge möglich. Am bekanntesten ist Pfefferminzmilch am Abend als Schlaftrunk.

Um kleinere Teemengen herzustellen, eignen sich dekorative Teetassen aus Porzellan mit Siebeinsatz.

Abkochen ist vorwiegend für Rinden-, Holz- und Wurzeldrogen erforderlich, um schwerer lösliche Inhaltsstoffe freizusetzen. Im allgemeinen gibt man zum Abkochen das zerkleinerte Teematerial in Wasser, erhitzt dieses 15 bis 30 Minuten lang bis zum Kochen, läßt danach fünf bis zehn Minuten ziehen und kann schließlich fertig abseihen.

Kaltauszug wird vor allem für schleimhaltige Teearten, wie z. B. Stockrose, empfohlen. Im Vergleich zum Aufguß verwendet man die doppelte Wassermenge, fügt das gut zerkleinerte Teematerial hinzu und läßt das Ganze sechs bis zwölf Stunden stehen. Häufiges Umrühren während dieser Zeit ist vorteilhaft.

Bei kombinierter Zubereitung wird nach dem Kaltauszug mit der Hälfte der Wassermenge die Teemasse noch einmal überbrüht, dann werden beide Teile wieder zusammengegeben.

Kaltauszüge sind auch mit Milch möglich. Dafür können auch frischgepflückte Kräuter, z. B. Pfefferminze und Melisse, direkt Verwendung finden. Kleingehackt in Magermilch gegeben, kann schon nach einigen Stunden der Milch-

kräutertee abgeseiht und leicht gesüßt serviert werden.

Welche Menge? Alle Kräuter haben bei richtiger Ernte und Aufbereitung bestimmte Wirkstoffkonzentrationen und einen arteigenen Geschmack. Im allgemeinen werden pro Tasse Tee ein bis anderthalb Teelöffel getrocknete Kräuter empfohlen; das ist die Menge, die man zwischen Daumen und Zeigefinger

Kräutertee richtig zubereiten.

1 Eine Teekanne aus Keramik, Glas oder Porzellan wird mit heißem Wasser ausgespült.

2 Den Kräutertee geben wir in richtiger Dosierung in das Sieb.

3 Dann kochendes Wasser aufgießen und zugedeckt fünf bis zehn Minuten ziehen lassen. Zum Schluß wird das Sieb mit den Kräutern herausgenommen. Fertig.

bzw. zwischen Daumen, Zeige- und Mittelfingerspitzen fassen kann.

Auch für den Mischtee, der Blüten, Blätter und Wurzelteile enthält, gilt diese Regel. Ausnahmemengen, z. B. bei der Verwendung von Wermut, werden in Rezepten (siehe auch Seite 69) ausdrücklich genannt. Verwendet man frische Kräuter direkt aus dem Garten, brauchen wir dreimal soviel an Pflanzenmasse.

Sollen wir Kräutertee süßen? Echte Kräuterliebhaber lehnen süßende Zusätze ab, weil sie die einzelnen Kräuterarten ungeschmälert herausschmekken und die Aroma-Nuancen genießen wollen. Zweifellos können andererseits dosierte Zugaben von Zucker, Süßstoff oder Alkohol (Rum) manchen Kräutertee süffiger machen. Honig vermag sogar in vielen Fällen die bekannten Heileigenschaften der Teekräuter zu verstärken.

1 2 3

Teeatmosphäre und Kräutersymbolik

Soll der Kräutertee schließlich die gewünschte Wirkung erreichen, der Gesundheit dienen und das Wohlbefinden fördern, muß die Umgebung beim Teetrinken stimmen. Wesentlich ist also die richtige Atmosphäre, ein liebevoll gedeckter Tisch, keine Hektik, keine störenden Geräusche.

Rosmarin ist das Symbol der Liebe zweier Menschen.

Vielleicht können wir von den Teezeremonien des Fernen Ostens, der Engländer oder der Ostfriesen einiges lernen. Wir sollen nämlich unseren Kräutertee nicht »hinunterschütten«, sondern Schluck für Schluck langsam trinken und bewußt mit allen Sinnen genießen. Teefreunde beziehen nicht zuletzt auch die Symbolik der Teekräuter in ihre Betrachtungen ein, denn es ist ein Zeichen der Dankbarkeit, daß die Menschen schon in alter Zeit heilkräftigen Pflanzen Symbolwerte verliehen haben. Sinnbildlich sollte Innerliches, Geistiges geäußert werden. So bedeutete Zitronenmelisse Freundschaft und traumhaftes Glück. Rosmarin ist das Symbol der Liebe zweier Menschen. Echte Kamille steht für Freude, Zufriedenheit und Güte. Majoran verheißt Erfolg und Segen, Thymian Mut, Tapferkeit, Ritterlichkeit und Gottvertrauen und Salbei Ruhm und Unsterblichkeit. Ringelblumen sollen Anmut und Schönheit bringen. Minze-Arten verhelfen zu Klugheit und klarem Verstand. Malven sind Sinnbild für Schöngeistiges, Lavendel für Reinheit, Treue und Beharrlichkeit. Pfefferkraut (Bohnenkraut) symbolisiert Sinnlichkeit, Basilikum Initiative, Ideenreichtum, Besitzstreben, Wermut dagegen Selbsterkenntnis, Wirklichkeitssinn und Charakterstärke. Borretsch bringt Fröhlichkeit und Lauterkeit im Denken. Holunder schließlich bedeutet Verehrung, Sinn für Häuslichkeit und Geborgenheit.
Besonders liebenswürdig ist die Empfehlung, unsere Teekräuter nach Sym-

bolgehalten miteinander zu mischen und für jede Gelegenheit ganz persönlich abzustimmen, z.B. mischen Sie Freude und Fröhlichkeit mit Schöngeistigem oder mit Anmut, zusätzlich eine Prise Initiative oder Verehrung. Vielleicht gelingt es, auf diesem Wege neue Freunde zu gewinnen für die Bereitung köstlicher Kräutertees und Teegetränke.

Heilkräuter-Praktikum

Viele landläufig gebräuchliche Anwendungsmöglichkeiten heilkräftiger Kräuter der Volksheilkunde sind leider zunehmend in Vergessenheit geraten. Gerade weil sie andererseits dazu beitragen können, das vielseitige, oftmals auch reichhaltige Angebot aus der eigenen Ernte zu verwerten, ist es richtig, ihnen gebührende Anerkennung zu sichern.

Selbstverständlich kommen auch hier nur die mildwirkenden Heilpflanzen in Betracht, die als bewährte Hausmittel zur vorbeugenden Behandlung gegen alltägliche Bagatellbeschwerden eingesetzt werden. Sorgfältige Zubereitung und Anwendung werden natürlich vorausgesetzt, die Risiken der Selbstmedikation nicht außer acht gelassen und im Zweifelsfalle immer Arzt und Apotheker hinzugezogen.

Auf den nächsten acht Buchseiten werden verschiedene Rezepte und Anleitungen zu Konservierung und Gebrauch von Heilkräutern gegeben.

Drogen = getrocknete Heilkräuter

Im Kräuter-Praktikum beginnen wir mit dem einfachsten Verfahren der Kräuterkonservierung als Grundlage für die weitere Verwendung. Durch Wasserentzug beim Trocknungsvorgang verlieren die Pflanzen 80–90% ihres Gewichtes. Im Sommer reicht die natürliche Trocknung in Schuppen oder Dachböden meist aus. Für 10 m² Anbaufläche rechnen wir allgemein 1 m² Trocknungsfläche. Bei anhaltender feuchter Witterung ist eine zusätzliche künstliche Nachtrocknung, z.B. in Backröhren oder elektrischen Kleintrocknern, notwendig. Für Pflanzenteile mit ätherischen Ölen dürfen die Temperaturen 35°C nicht übersteigen, sonst sind beachtliche Verluste durch Verflüchtigen von Inhaltsstoffen unvermeidlich. Zum Trocknen können die Kräuter zu lockeren Sträußen zusammengebunden und an Leinen oder trockenen Wänden kopf-

Trockenschrank mit Solarkollektor

Abgeändert nach einer Zeichnung in der Zeitschrift »Selbermachen« 9/82 und an der Versuchsstation Weilerhof erfolgreich erprobt.

Bauanleitung

- Seitenteile (je 2 Dachlatten, 120 und 130 cm lang, 9 Profilbretter) zusammennageln. Erstes Brett 42 cm über dem Boden anbringen, letztes mit der Stichsäge abschrägen.
- Schiebeleisten (2 × 4 cm) für Trockenschrankboden und Trockengitter auf die Innenseiten schrauben (Abstand 13 cm), Außenkanten sorgfältig glattschleifen.
- Vorder- und Rückseite mit Profilbrettern (70 cm lang) zwischen die Seitenwände einbauen. Am Vorderteil einen 18 cm breiten Schlitz für den Kollektor freilassen.
- Boden aus Rauhspundbrettern (70 cm lang) auf die untersten Leisten der Seitenwände nageln.
- Dach aus Rauhspundbrettern auf zwei Dachlatten nageln. Die Latten müssen den Außenwänden des Schrankes anliegen. Die äußere Dachfläche mit Dachpappe am Rand überlappend beziehen und festnageln.
- Schranktür aus Profilbrettern und Dachlatten zusammenbauen und mit Scharnieren an der Bodenplatte befestigen. Zum Verschließen Schubriegel anbringen. An einer Türseite Dachlatte (ca. 42 cm lang) mit Scharnier so anbringen, daß sie sich beim Öffnen im rechten Winkel zur Türfläche aufstellt und der Tür-Arbeitsplatte als Stütze dient.
- Schrankbeine durch Querholme stabilisieren (20 cm über Erdboden).
- Kollektor-Rahmen (100 × 70 cm) aus Fichtenholzbrettern (2 × 10 cm) anfertigen. Als Rückseite eine Sperrholzplatte aufschrauben, als Innenseite zur Auflage für die Glasscheibe Bretter (2 × 8 cm) aufschrauben.
- Innenwände des Kollektors mit schwarzem Acryllack (matt) streichen.
- Falz mit Kitt ausstreichen, Glasscheibe einlegen und die Fenster verkitten. Den fertigen Kollektor mit Schrauben an der Vorderseite des Trockenschrankes befestigen.
- Rahmen für die Trockengitter aus Leisten (2 × 2 cm) und Winkeleisen zusammenschrauben, Fliegengitter auf den Rahmen heften und dünne Wandleisten darübernageln.

Material

- Dachlatten, gehobelt: 2 à 130 cm; 2 à 120 cm; 4 à 70 cm; 2 à 78 cm; 1 à 42 cm
- Profilbretter (Nut- und Federbretter: 12 mm Dicke; 9,6 cm deckende Breite: 18 à 60 cm; 15 à 70 cm
- Rauhspundbretter (12 mm Dicke; 9,6 cm deckende Breite: 7 à 70 cm; 8 à 85 cm;
- Fichtenbretter (2 × 8 cm): 2 à 100 cm
- Fichtenleisten (2 × 4 cm): 10 à 60 cm
- Fichtenleisten (2 × 2 cm): 10 m
- Sperrholz, wasserfest (10 mm): 74 × 100 cm
- Glasscheibe: 70 × 80 cm
- Wandleisten (0,5 × 2,5 cm): 10 m
- Dachpappe: 85 × 75 cm
- Glaserkitt, 2 Schubriegel, Winkeleisen, Fliegengitter
- Holzschutzlasur, tannengrün (1 l)
- Acryllack, schwarz (kleine Dose)
- Dachpappenstifte (1 Pckg.), Nägel
- Scharniere (3), Holzmessingschrauben (40 mm, 20 mm)

85cm

70cm

78cm

18cm

120cm 130cm

12cm

70cm

60cm

unter aufgehängt werden. Samendrogen umwickeln wir zusätzlich mit luftdurchlässigen Tüchern, Seidenpapier oder seitlich perforierten Tüten, um ausfallende Samenkörner zu sammeln. Empfindliche Blüten und Blätter trocknen am besten auf Trockenhorden oder -darren, die vorteilhaft mit grobmaschigem Leinen ausgelegt sind.

Beste Teequalitäten lassen sich mit Spezialtrockenschränken bei exakt eingestellten Temperaturen erzielen. Bemerkenswert ist die Möglichkeit, mit einem selbstbaubaren Solar-Trockenschrank ohne Heizkosten Kräuter, auch Pilze und Früchte, vorzüglich zu konservieren.

Der Trocknungsvorgang ist abgeschlossen, wenn die Blätter beim Anfassen rascheln und die Stengel leicht brechen. Seltener wird solches Trockengut wie in früheren Zeiten noch in Nessel- oder Leinensäckchen staubfrei und luftig aufgehoben.

Im allgemeinen treiben wir die Blattdrogen durch ein Grobsieb und füllen sie wie Blütendrogen in Weißblechdosen oder verschraubbare dunkel eingefärbte Gäser.

Samendrogen, z. B. Kümmel, Fenchel, Dill, Koriander und Anis, die übrigens meist an der Sonne getrocknet werden, schütteln und klopfen wir kräftig ab, reinigen sie im Luftstrom und bewahren sie ebenfalls in Schraubgläsern bis zum Verbrauch.

Vergessen wir nicht, die Teebehälter zu etikettieren, mit Angaben über Inhalt und Erntejahr. Empfehlenswert sind zusätzliche Hinweise über die Möglichkeit der Verwendung.

Auch bei vorschriftsmäßiger Aufbewahrung sind Abbauvorgänge im Drogengut nicht auszuschließen. Die Wirksamkeit der Teekräuter wird allmählich vermindert. Deshalb müssen die Blatt- und Blütendrogen nach einem oder anderthalb Jahren im allgemeinen durch neue Ernten ersetzt werden.

Kräuterauszüge selbst hergestellt – Kräuteröle

Eines der ältesten Verfahren, die Inhaltsstoffe den Pflanzen zu entziehen, ist die Gewinnung von Kräuterölen. Die Volksmedizin bedient sich gerne der verschiedenen Kräuteröle, weil sie sich leicht selbst herstellen lassen und vielfältig als natürliche Kräutermedizin verwendet werden können. Am bekanntesten sind Pfefferminzöl, Lavendelöl, rotes Johanniskrautöl, Dillöl, Thymianöl, Melissenöl und Rosmarinöl. Die ätherischen Öle der Pflanzen sind in fetten Ölen, z. B. Oliven-, Sonnenblumen- oder Mandelöl, löslich und lassen sich damit extrahieren.

Auf einen Liter gutes Speiseöl (bevorzugt wird gerne Olivenöl) geben wir eine Handvoll – bevorzugt trockene – Kräuter und lassen sie zwei bis drei Wochen in der Sonne durchziehen. Angesetztes Johanniskrautöl färbt sich in dieser Zeit dunkelrot, weil sich aus den Blüten der Farbstoff Hypericin herausgelöst hat. Anschließend können wir durch ein fei-

nes Haarsieb abseihen, dabei die Kräuter auspressen und in attraktive Gläser füllen. Pflanzenöle eignen sich vor allem zur äußeren Anwendung als Mittel zum Einreiben und als Massageöl, dienen aber auch als Badezusätze und für die natürliche Schönheitspflege. Zur Hautpflege eignen sich beispielsweise Kräuteröle aus Ringelblume, Johanniskraut, Eibisch und Rosmarin; zur Massage solche mit Arnika, Kamille, Lavendel, Rosmarin, Königskerzenblüten, Minze-Arten oder Melisse. Kräuteröle sind bei richtigem Ansetzen wenige Monate haltbar.

Fügt man den Kräuterölen erhitztes Bienenwachs zu oder Paraffin, so erhalten wir eine Heilsalbe.

Zur heilenden Mundspülung verwenden wir vorteilhaft Salbei, Minze und Melisse mit Sonnenblumenöl hergestellt, z.B. gegen Zahnfleischerkrankungen, lockere Zähne und Mundgeruch.

»Hausmedizin«: flüssige Kräutergeister

Kräutergeist und Kräuterlikör, selbsthergestellte Magenbitter – unsere Großväter sind wahre Könner in der Gewinnung von Kräuterschnäpsen gewesen. Nach einer reichlichen Mahlzeit, bei Magenverstimmung oder vielen anderen Anlässen zeigt der Kräutergeist seine verläßliche Wirkung. Die Herstellung ist im Grunde recht einfach. Man verwendet gerne Likör- oder Weinbrandflaschen mit weiter Halsöffnung; gibt die – in der Regel getrockneten – Kräuter (eine kräftige Handvoll je Liter)

Massageöl aus Kräutern selbst zubereiten.
1 Die Kräuter geben wir in ein weithalsiges Glas und füllen mit Öl auf.
2 Das Ganze muß zwei bis drei Wochen in der Sonne ziehen. Danach wird abgeseiht, und nun kann das Öl verwendet werden.

1

2

2 – 3 Wochen

hinein und füllt mit klarem Branntwein oder Kornbrand (mindestens 30 %ig) auf. Zugekorkt stellen wir dann die Flasche zwei bis drei Wochen an einen sonnigen Platz zum Durchziehen. Zwischenzeitlich öfteres Schütteln ist vorteilhaft. Später folgt Abseihen und Abfüllen in trockene Flaschen. Kräutergeist läßt sich süß oder ungesüßt beliebig herstellen. Bevorzugt man Kräuterliköre, wird Zucker, in Wasser aufgekocht, hinzugefügt. Für Kräuterschnäpse werden folgende Kräuter in Mischungen – je nach persönlichem Geschmack – verwendet: Zitronenmelisse, Liebstöckel, Minze-Arten, Enzianwurzel, Johanniskraut, Schlehenfrüchte, Arnika, Rosmarin und Thymian.

Medizinalweine, Würzweine

Im Mittelalter bereits waren unsere französischen Nachbarn Spezialisten für gewürzte Weine. Der »vinum hippocraticum« galt als besonders heilsam, und sein bevorzugter Genuß war nicht nur wegen seiner heilsamen Wirkung, sondern auch durch den Namen legitimiert. Unabhängig entstand in Italien in der Provinz Piemont die eigentliche Wermutwein-Erzeugung aus Muskatellerweinen. Für die Herstellung der bekannten Vermouth-Erzeugnisse werden Wermutkraut, Enzianwurzel, Tausendgüldenkraut, Angelikawurzel, Kalmus, Koriander, Zimt u. a. Kräuter verwendet, deren Mischungsverhältnis streng gehütet wird.

Am bekanntesten sind bei uns Kräuterbowlen, Punsch und Glühwein. Darüber hinaus können wir selbst mancherlei beliebte Kräuterweine zubereiten, die dem Wohlgenuß, der Bekömmlichkeit und der Gesundung dienen.

Für den hausgemachten Kräuterwein nehmen wir einwandfreie Weiß-, Rot- oder Süßweine und geben je Liter eine Handvoll (ca. 30 – 40 g) der ausgewählten Kräuter in ein Glasgefäß oder irdenen Topf und stellen diese zugedeckt an einen dunklen Platz bei Zimmertemperatur. Nach mehreren Tagen kann unser Würzwein von den Kräutern abgesetzt werden und ist trinkfertig. Als Kräuter für die selbstgemachten Würzweine eignen sich Waldmeister (in kleinen Mengen), Rosmarin, Basilikum, Zitronenmelisse, Wermut (in kleinen Mengen), Minze-Arten, Salbei, Lavendel, Kamille und andere selbst erprobte Kräuter für die Hausmarke.

Die Haltbarkeit reicht bei richtigem Ansetzen von mehreren Monaten (einheimische Weiß- und Rotweine) bis wenige Jahre (süße Südweine).

Kräuterpreßsäfte, Frischsaftzubereitung

Preßsäfte aus Kräutern wirken noch intensiver als übliche Rohkostzubereitungen, weil sie im allgemeinen gezielt zur Behandlung bestimmter Beschwerden und kurmäßig eingesetzt werden. Am bekanntesten sind Frischsäfte aus Brennesseln. Als empfehlenswert für

Breiumschläge

Frühjahrskuren gelten zudem Brunnenkresse, Eisenkraut, Pimpinelle und verschiedene Unkräuter wie Hirtentäschel, Taubnessel, Odermennig, Löwenzahn und Wildhopfensprosse. Die gereinigte Pflanzenmasse ist so frisch wie möglich zu verarbeiten. Auch vorübergehendes Einfrieren der Trinksäfte in Eiswürfel ist möglich. Pflanzenfrischsäfte müssen zum Verbrauch immer stark mit Mineralwasser, Milch, Joghurt, Kefir u. a. verdünnt werden. Grundsätzlich sollten frische Preßsäfte sowie aufgetaute Eiswürfel aus Preßsäften noch am selben Tag verbraucht werden!

Tinkturen, alkoholische Pflanzenauszüge

Im Gegensatz zum Tee sind in der Tinktur vor allem die alkohollöslichen Wirkstoffe enthalten.

Zur Herstellung verwenden wir frisches oder getrocknetes, zerdrücktes oder pulverisiertes Kräuterausgangsmaterial, übergießen es in einer Flasche mit Weingeist, lassen es 10 bis 14 Tage in geschlossenem Gefäß stehen, schütteln wiederholt, filtrieren, pressen ab und füllen in die Verbrauchsflaschen.

Heilsalben, Balsame und Cremes

Heilsalben sind lindernde leichtölige oder fettige Substanzen für äußere Anwendungen. Zu ihrer Herstellung verwenden wir frische oder getrocknete Kräuter. Auch mit Kräuteröl und Tinkturen lassen sich Salben und Cremes zubereiten. Dazu werden die Rohstoffe mit Fettsubstanzen, z. B. Lanolin, Mandelöl oder Schweineschmalz, erhitzt und abgeseiht; mit Bienenwachs wird die Festigung der Salben erreicht. Eine längere Haltbarkeit ist zu erzielen, wenn nach dem Abfüllen in kleine handliche Gefäße diese mit Paraffin abgedichtet werden.

Achtung: Die Heilsalben, Balsame und Cremes müssen im Kühlschrank aufbewahrt werden und sind nur wenige Wochen haltbar!

Beispiel für die eigene Herstellung von Ringelblumensalbe:
200 g Schweineschmalz in einem Topf bei niedriger Temperatur schmelzen, eine Handvoll Ringelblumenblüten zufügen, gut durchrühren und erkalten lassen. Nach 24 Stunden erneut schmelzen und durch ein Tuch sieben.

Breiumschläge – altbewährte Hausmittel

Kräuterarten wie Spitzwegerich, Majoran, Thymian, Knoblauch, aber auch Zwiebeln, Möhren, Kartoffeln oder Weißkohlblätter werden zerdrückt und auf einem sauberen Tuch ausgebreitet, um Quetschungen, Prellungen, Verstauchungen u. ä. zu heilen. Nicht auf offene Verletzungen geben!

Heilkräuter-Praktikum

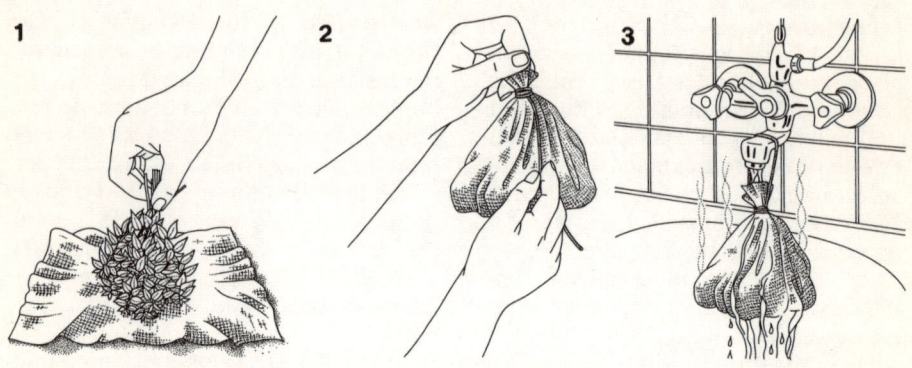

Mit Kräutern baden.

1 Die Badekräuter gibt man auf ein Stück leichtes, feinfädiges Gewebe, z. B. Musselin.

2 Dann wird alles zu einem kleinen Beutel zusammengebunden.

3 Den Beutel hängt man beim Einlaufen des Badewassers direkt unter den Wasserhahn oder legt ihn in das warme Badewasser.

Badezusätze

Dies ist eine der angenehmsten Anwendungen unserer Heilpflanzen aus dem eigenen Garten. Entweder nehmen wir Einzelkräuter, um bestimmte Wirkungen zu erzielen, oder kombinieren nach eigener Rezeptur.

Einzelkräuteranwendung: je 50–100 g Droge im Aufguß für ein Vollbad:

Baldrian bei Schlaflosigkeit und Nervosität,

Kamille bei Hautleiden und Hämorrhoiden,

Lavendel bei Nervosität und zur Beruhigung,

Melisse bei Nervosität und nervösen Herzbeschwerden,

Rosmarin bei niedrigem Blutdruck, Rheuma und zur allgemeinen Anregung,

Thymian bei Atemwegserkrankungen. Gerne verwendete Kräuter sind ferner: Schafgarbe, Minze-Arten, Goldmelisse. Im Kräuterpraktikum können wir Bademischungen gekonnt zusammenstellen, in Mull, Musselin oder Tüll geschickt so einbinden, daß sie nicht nur zum Selbstgebrauch, sondern sogar zum Verschenken attraktiv sein können.

Kräuter unserer Hausapotheke (Wichtigste Kräuter für die bekanntesten gesundheitlichen Störungen)

Deutscher Name / *Botanischer Name*	Heilanzeigen	Anwendung	Empfohlene Tagesdosis
Holunder, Schwarzer / *Sambucus nigra*	Erkältungen, Grippe, schweißtreibend	Teeaufguß von Blüten: 1 TL/Tasse; Beerentee: 1 TL/Tasse	Blütentee: 3–5 Tassen; Beerentee: 3 Tassen
Johanniskraut, Tüpfel- / *Hypericum perforatum*	Nervosität, Schlaflosigkeit, nervenstärkend	Teeaufguß: 1 T./Tasse	2 Tassen (schluckweise)
Kamille, Echte / *Chamomilla recutita*	Magen-Darm-Katarrh, Blähungen, Erkältungen, Bronchitis, Entzündungen	Teeaufguß: 2 TL/Tasse; Inhalation	3 Tassen; Rollkur 4–6 Wochen; mehrmals inhalieren
Minze-Arten / *Mentha-Arten*	Magen-Darmkatarrh, Verdauungsschwäche, Blähungen, gallefördernd; Öl: bei Neuralgien, Rheuma, Kopfschmerzen	Teeaufguß: 2 TL/Tasse; Öl zum Einreiben	2–3 Tassen, nicht länger als 2–3 Wochen hintereinander; nach Gebrauchsempfehlung
Rosmarin / *Rosmarinus officinalis*	Magen-, Darm-, Gallebeschwerden; nicht während der Schwangerschaft anwenden. Bad: Kreislaufbeschwerden, Rheuma	Teeaufguß: 1 TL/Tasse; Bad: 50 g in 1 l Wasser aufkochen	2 Tassen, früh und abends schluckweise
Salbei, Echter / *Salvia officinalis*	Magen-Darm-Katarrh, Halsschmerzen; nicht über längere Zeit in hoher Dosis einsetzen.	Teeaufguß: ½ TL/Tasse; Spülen, Gurgeln: 1 TL/Tasse	2 Tassen, je eine morgens und abends; mehrmals täglich
Schafgarbe, Gewöhnliche / *Achillea millefolium*	Magen- und Bauchschmerzen, Übelkeit, Durchfall, Appetitlosigkeit	Teeaufguß: 2 TL/Tasse	2–3 Tassen
Spitzwegerich / *Plantago lanceolata*	Husten, Heiserkeit, chronische Katarrhe; Breiumschläge bei Insektenstichen, Quetschungen	Teeaufguß: 1–2 TL/Tasse; zerquetschte Blätter als Breiumschläg³	3 Tassen; mehrmals täglich
Tausendgüldenkraut, Echt. / *Centaurium erythraea*	Magenschwäche, Verdauungsstörungen, Gallenbeschwerden, Appetitlosigkeit	Teeaufguß: 1 TL/Tasse, auch Kaltauszug	2 Tassen schluckweise über Tag verteilt trinken
Thymian, Echter / *Thymus vulgaris*	Bronchitis, Magen-Darm-Katarrh, Erkältungen	Teeaufguß: 1 TL/Tasse; Spülungen, Gurgeln	2 Tassen (schluckweise tagsüber); mehrmals täglich
Wermut / *Artemisia absinthium*	Magenverstimmung, Gallenbeschwerden, Appetitlosigkeit, Blähungen; nicht während der Schwangerschaft anwenden. Größere Mengen sind gesundheitsschädlich.	Teeaufguß: ½ TL/Tasse; Wein: 15–20 g/0,7 Ltr. Wein	2 Tassen tagsüber verteilt; 1 Likörglas Wein
Zitronenmelisse / *Melissa officinalis*	Nervöse Störungen, Schlaflosigkeit, nervöse Magen-Darm-Beschwerden, Kopfschmerzen	Teeaufguß: 2 TL/Tasse	1 Tasse morgens; 1 Tasse abends

Weiterführende Literatur

AICHELE, D., GOLTE-BECHTLE M.: Was blüht denn da? Franckh-Kosmos Verlags-GmbH, Stuttgart 1990
BOCKSCH, M., I. BOTT, H. ZUCCHI: Das Öko-Kräuterbuch. S. Fischer. Verlag GmbH, Frankfurt am Main 1983
DELAVEAU, P. u.a.: Geheimnisse und Heilkräfte der Pflanzen. Verlag Das Beste, Zürich
ENCKE, F., H. SCHILLER: Dachgärten, Terrassen und Balkone. Verlag Eugen Ulmer, Stuttgart 1975
FRANCK, G.: Gesunder Garten durch Mischkultur. Südwest-Verlag, München 1980
SCHÖNFELDER, P. und I.: Der Kosmos-Heilpflanzenführer. Franckh-Kosmos Verlags-GmbH, Stuttgart 1991
SEITZ, P.: Das Kompostbuch für jedermann. Franckh-Kosmos Verlags-GmbH, Stuttgart 1990
SEITZ, P.: Küchenkräuter, Franckh-Kosmos Verlags-GmbH, Stuttgart 1991
SEITZ, P.: Heil- und Gewürzpflanzen. AID-Heft Nr. 1192/1990
STEINER, H.: Nützlinge im Garten. Verlag Eugen Ulmer, Stuttgart 1985

Bezugsquellen

(Sofern im örtlichen Fachhandel und in Gärtnereien nicht erhältlich. Die Liste erhebt keinen Anspruch auf Vollständigkeit!)

Kräuter-Jungpflanzen

Fa. Blauetikett
Bornträger und Schlemmer
Postfach 5
6521 Offstein

Institut für naturgerechte Tier- und Pflanzenanzucht (INTIP)
Waldweg 18
5377 Dahlem-Frauenkron

Fa. Heinz Schenk, Gartenbau
Homburger Landstraße 889
6000 Frankfurt-Niedereschbach

Saatgut

Fa. L. C. Nungesser, Saatzucht
Bismarckstraße 59
6100 Darmstadt

Fa. Sperling, Saatzucht
2120 Lüneburg

J. Wagner, Saatzucht
Postfach 105880
6900 Heidelberg

Samen-Mauser
Zürichstraße 98
CH-8600 Dübendorf

G. R. Vatter AG
Sägestraße 65
CH-3098 Köniz

Register

Schutzfolien, Vliese, Schutznetze

Fa. A. Bernhardt
Postfach 364
6078 Neu-Isenburg

Anzucht-Kleinst-Gewächshaus

Fa. Romberg und Sohn
Werner-von-Siemens-Straße 13
2086 Ellerau

Register

Register